LA CAGLIOSTRO SE VENGE

Fils d'un entrepreneur de constructions navales, Maurice Leblanc est né à Rouen en 1864. Il étudie le droit, travaille chez son père, puis se lance dans le journalisme. Il a déjà écrit des romans classiques quand paraît en 1907 son premier ouvrage « policier » : Arsène Lupin gentleman-cambrioleur.

Le personnage devient immédiatement populaire et son créateur en fait le héros d'une longue série d'aventures dont le public suit avec enthousiasme les péripéties depuis l'humoristique Arsène Lupin contre Herlock Sholmes (1908) ou les grandes réussites de L'Aiguille creuse (1909), Le Bouchon de cristal (1912) ou Les Huit Coups de l'horloge (1921) — pour ne citer que les plus célèbres — jusqu'à La Cagliostro se venge (1935), soit plus de trente récits.

Théâtre, cinéma, radio ont accaparé aussi ce héros agile et joyeux, toujours prêt à la blague comme à la bonne action, tantôt chef de bande, tantôt acteur en solo des entreprises les plus téméraires, se riant de la police ou, l'âge venant, se substituant à elle comme détective selon son humeur, mais à jamais cambrioleur... et gentleman.

Maurice Leblanc, frère de la comédienne Georgette Leblanc (qui fut l'interprète des œuvres de Maurice Maeterlinck), est mort en 1941 à Perpignan.

MAURICE LEBLANC

La Cagliostro se venge

LE LIVRE DE POCHE

PRÉFACE D'ARSÈNE LUPIN

Je voudrais marquer ici que, tout en appréciant comme il convient, et en certifiant comme conformes à l'exactitude les aventures qui me sont attribuées par mon historiographe attitré, j'apporte néanmoins certaines réserves sur la façon dont il les présente dans ses livres.

Il y a cent manières d'accommoder au goût du public une aventure réelle. Peut-être n'est-ce pas choisir la meilleure que de me montrer toujours sous l'aspect le plus avantageux et de me mettre obstinément en relief et au premier plan. Non content de négliger les nombreux épisodes de ma vie où je fus dominé par les circonstances, démoli par mes adversaires ou rabroué par les respectables agents de l'autorité, mon historiographe arrange, atténue, développe, exagère et, sans aller contre

les faits, les dispose si bien que j'en arrive
parfois à être gêné dans ma modestie.

C'est un mode de récit que je n'approuve
pas. Je ne sais qui a dit : « Il faut connaître
ses limites et les aimer. » Je connais mes
limites, et j'éprouve même, à les sentir, quelque satisfaction, ayant horreur de tout ce qui
est surhumain, anormal, excessif et dispro-
portionné. Ce que je suis me suffit : au-delà,
je serais invraisemblable et ridicule. Or, l'une
de mes faiblesses est la crainte de tomber dans
le ridicule.

Et j'y tombe sans aucun doute — et c'est là
la raison essentielle de cette courte préface —
lorsque je suis offert au public dans une inva-
riable, perpétuelle et irritante situation
d'amoureux. Certes, je ne nie pas que j'aie le
cœur fort sensible, et que le coup de foudre
me guette à chaque tournant de rue. Et je
ne nie pas non plus que les femmes me furent,
en général, accueillantes et miséricordieuses.
J'ai des souvenirs flatteurs, je fus l'objet heureux de défaillances dont tout autre que moi
se prévaudrait avec quelque orgueil. Mais de
là à me faire jouer un rôle de Don Juan, de
Lovelace irrésistible, c'est un travestissement
contre lequel je proteste. J'ai connu des rebuf-
fades. Des rivaux méprisables me furent pré-
férés. J'ai eu ma bonne part d'humiliation et
de trahison. Défaites incompréhensibles, mais

qu'il faut noter si l'on veut que mon image soit rigoureusement authentique.

Voilà le motif pour lequel j'ai voulu que la présente aventure fût racontée, et qu'elle le fût sans détours ni ménagements. Je ne m'y distinguerai pas toujours par une agaçante infaillibilité. Mon cœur n'y soupire pas au détriment de ma raison. Mon pouvoir de séducteur est singulièrement mis en échec. Tout cela me vaudra peut-être l'indulgence de ceux que l'excès de mes mérites et de mes conquêtes horripile non sans motif.

Un mot encore. Joséphine Balsamo qui fut la grande passion de ma vingtième année, et qui, se faisant passer pour la fille du comte de Cagliostro, le fameux imposteur du XVIIIᵉ siècle, prétendait tenir de lui le secret de l'éternelle jeunesse, ne paraît pas en ce livre. Elle n'y paraît pas pour une raison dont le lecteur appréciera de lui-même toute la force. Mais, d'autre part, comment ne pas mêler son nom au titre d'une histoire sur laquelle son image projette une ombre si tragique et où l'amour se double de tant de haine, et la vengeance s'enveloppe de tant de ténèbres ?

PREMIÈRE PARTIE

LE SECOND DES DEUX DRAMES

I

SUR LA PISTE DE GUERRE

Les belles matinées du mois de janvier, alors
que l'air vif s'imprègne d'un soleil déjà plus
chaud, comptent parmi les sources d'exaltation
les plus vivifiantes. Dans le froid de l'hiver, on
commence à pressentir un souffle de printemps.
L'après-midi allonge devant vous des heures
plus nombreuses. La jeunesse de l'année vous
rajeunit. C'est évidemment ce qu'éprouvait
Arsène Lupin en flânant, ce jour-là, sur les
boulevards, vers onze heures.

Il marchait d'un pas élastique, se soulevant
un peu plus qu'il n'eût fallu sur la pointe des
pieds, comme s'il exécutait un mouvement de
gymnastique. Et, de fait, à chaque pas du pied
gauche, correspondait une profonde inspiration
de la poitrine qui semblait doubler la capacité

d'un thorax dont l'ampleur était déjà remarquable.

La tête se penchait légèrement en arrière. Les reins se creusaient. Pas de pardessus. Un petit costume gris, de plein été, et, sous le bras, un chapeau mou.

Le visage, qui paraissait sourire aux passants, et surtout aux passantes, pour peu qu'elles fussent jolies, était celui d'un monsieur qui se dirige allégrement vers le poteau de la cinquantaine, si, même, il n'a pas franchi la ligne d'arrivée. Mais vu de dos, ou de loin, ce même monsieur, fringant, de taille mince, très à la mode, avait le droit de protester contre toute évaluation qui lui eût attribué plus de vingt-cinq ans.

« Et encore ! se disait-il en contemplant dans les glaces son élégante silhouette, et encore, que d'adolescents pourraient me porter envie ! »

En tout cas, ce qui eût excité l'envie de tous, c'était son air de force et de certitude, et tout ce qui trahissait chez lui l'équilibre physique, la santé morale et la triple satisfaction d'un bon estomac, d'un intestin scrupuleux et d'une conscience irréprochable. Avec ça, on peut marcher droit et la tête haute.

Notons aussi que son portefeuille était abondamment garni, qu'il avait dans sa poche à revolver quatre carnets de chèques sur des banques différentes et à des noms divers, et que, un peu partout à travers la France et dans des cachettes sûres, lits de rivières, cavernes inconnues, trous de falaises inaccessibles, il possédait des lingots d'or et des sacs de pierres précieuses.

Et nous ne parlons pas du crédit qu'on lui accordait dans tous les mondes, en tant que Raoul de Limésy, que Raoul d'Avenac, que Raoul d'Enneris, que Raoul d'Averny, simples et modestes noms de bonne petite noblesse de province, que reliait les uns aux autres ce même prénom de Raoul. Justement, il passait devant la Banque des Provinces. Il devait y déposer un gros chèque, un chèque au nom de Raoul d'Averny. Il entra, effectua son opération, puis descendit dans les sous-sols de l'établissement, signa le registre et se rendit à son coffre-fort pour y prendre quelques documents.

Or, tandis qu'il choisissait ceux dont il avait besoin, il aperçut, non loin de lui, un monsieur en deuil, à l'aspect vieillot et suranné d'ancien notaire de province, qui retirait d'un coffre voisin plusieurs paquets proprement enveloppés, qui coupa les ficelles et compta, une par une, des liasses de dix billets de mille francs que retenait une épingle.

Le monsieur, très myope, et qui, de temps à autre, jetait autour de lui un coup d'œil inquiet, ne s'avisa pas qu'Arsène Lupin pouvait

suivre chacun de ses gestes, et il continua sa
besogne jusqu'à ce qu'il eût rangé, dans une
serviette de maroquin, quatre-vingts ou quatre-
vingt-dix liasses de billets, c'est-à-dire une
somme de huit ou neuf cent mille francs.

Lupin avait compté en même temps que lui
et se disait : « Que diable peut manigancer
ce respectable rentier ? Garçon de recettes ?
Trésorier payeur ? Ne serait-ce pas plutôt un
de ces personnages sans vergogne qui « étouf-
fent » quelque magot pour le dissimuler aux
exigences du fisc ? J'ai horreur de ces bons-
hommes-là... Frauder l'Etat... Quelle turpi-
tude ! »

Le personnage acheva son opération et ferma
sa serviette de maroquin avec une sangle qu'il
agrafa soigneusement.

Puis, il s'éloigna et remonta l'escalier.

Lupin se mit en route derrière lui, car enfin
la conscience la plus irréprochable ne peut
pas vous empêcher de suivre un monsieur qui
transporte un million liquide. Une telle
somme vous a une petite odeur qui attire
après elle les bons chiens de chasse. Et Lupin
était un bon chien de chasse, muni d'un flair
qui ne l'induisait jamais sur une mauvaise
piste. Il partit donc à la suite du gibier,
l'allure moins conquérante peut-être, car il ne
faut pas se faire remarquer, mais avec des
frémissements de plaisir. Aucun projet, d'ail-

leurs. Pas la moindre arrière-pensée. Pour qui possède une conscience irréprochable et un nombre respectable de trésors, qu'est-ce qu'une liasse de billets ?

Le monsieur pénétra chez un pâtissier de la rue du Hâvre, en sortit avec un paquet de gâteaux, et se dirigea vers la gare Saint-Lazare.

« Crebleu ! se dit Lupin, va-t-il prendre le train et me mener au diable ? »

Il prenait le train. Lupin, tout en protestant, le prit aussi, et, dans le long compartiment encombré de voyageurs, ils filèrent de conserve sur la ligne de Saint-Germain. Le monsieur tenait fortement contre sa poitrine, comme une mère tient son enfant, la serviette de maroquin.

Il descendit, au-delà de la petite ville de Chatou, à la station du Vésinet, ce qui réjouit Lupin, l'endroit lui plaisant infiniment.

A douze kilomètres de Paris, encerclé par une boucle de la Seine, Le Vésinet, ou du moins ce quartier du Vésinet, est soumis à des servitudes très rigoureuses d'aménagement et de construction, et développe autour d'un lac endormi sous des arbres, ses larges avenues ornées de jardins et de riches villas. Ce matin-là, les branches faisaient miroiter au soleil des gouttes de rosée qui restaient du givre de la nuit. Le sol était dur et sonore. Quel délice de marcher ainsi sans autre souci que de veiller sur la fortune de son prochain !

De jolies maisons, cernées par une avenue extérieure, s'élèvent au bord d'une première pièce d'eau, modeste étang, plus petit et plus discret, dont les rives appartiennent aux propriétaires mêmes des villas qui l'entourent.

On passa devant *La Roseraie*, puis devant *L'Orangerie*, puis le monsieur souleva le marteau d'une maison qui s'appelait *Les Clématites*.

Lupin continuait sa route, à l'écart, de manière à n'être pas remarqué. La porte s'ouvrit. Deux jeunes filles s'élancèrent gaiement :

« En retard, mon oncle ! le déjeuner est prêt. Qu'est-ce que tu nous apportes de bon ? »

Lupin fut charmé. L'accueil empressé que l'on faisait à l'oncle-gâteau, l'exubérance des deux nièces, la forme basse et un peu démodée de la maison, tout cela était fort sympathique. Il serait vraiment agréable de pénétrer dans ce milieu cordial et d'y respirer la tiède atmosphère d'une famille unie.

Cinq cents mètres plus loin, c'était le grand lac, si pittoresque avec son île amarrée par un pont de bois. On y mange dans un excellent restaurant où Lupin fit honneur au menu.

Après quoi, il contourna le lac, admirant, sur le côté extérieur de la route, d'aimables villas, closes pour la plupart en ces jours d'hiver.

Mais l'une d'elles attira son attention, non pas seulement parce qu'elle était plaisante et gratifiée d'un jardin bien dessiné, mais aussi parce qu'un écriteau s'accrochait à la grille, et qu'on y pouvait lire : « *Clair-Logis*. Propriété à vendre. S'adresser ici pour visiter et à la villa des *Clématites* pour tous renseignements. »

Les Clématites ! Précisément la villa où « mon oncle » déjeunait ! En vérité, le destin y mettait de la malice. Comment ne pas associer, en effet, l'idée de la serviette de cuir et l'idée du *Clair-Logis* ?

Deux pavillons flanquaient la grille d'entrée. Le jardinier habitait celui de droite. Lupin sonna. Aussitôt, on lui fit visiter la maison, et tout de suite il fut ravi. C'est qu'il était adorable, ce *Logis*, un peu délabré, en ruine même, à certains endroits, mais si bien distribué et se prêtant si bien à une adroite restauration !

« C'est ça... C'est ça qu'il me faut, pensait-il. Moi qui désirais avoir un pied-à-terre aux environs de Paris pour y passer de temps à autre un paisible week-end ! Je ne veux pas autre chose ! »

Et puis, quelle affaire merveilleuse ! Quelle
aubaine inattendue ! Le destin lui offrait d'une
part un logis idéal, et, de l'autre, de quoi
acquérir ce logis sans bourse délier. La serviette de maroquin n'était-elle pas là pour
financer l'acquisition ? Comme tout s'arrange !

Cinq minutes plus tard, Lupin faisait passer
sa carte, et M. Raoul d'Averny était introduit
auprès de M. Philippe Gaverel, dans un salon-
studio du rez-de-chaussée, où se trouvaient
déjà les deux jolies nièces, que leur oncle lui
présenta.

M. Gaverel portait sous le bras la serviette
de maroquin, toujours sanglée de sa courroie.
Il avait dû certainement déjeuner sans des-
serrer son étreinte.

Lupin exposa le but de sa visite : l'achat
éventuel du *Clair-Logis*. Philippe Gaverel formula ses conditions.

Lupin réfléchit un instant. Il regardait les
deux sœurs. Un jeune homme, qui faisait la
cour à l'aînée, et qu'elle annonça elle-même
comme son fiancé, venait de les rejoindre et
ils riaient tous les trois. Il fut gêné. Toujours
scrupuleux, il se demandait jusqu'à quel point
son projet d'acquisition à bon marché pouvait
léser les deux sœurs.

En fin de compte, il sollicita un délai de
quarante-huit heures avant de prendre une
décision.

« Nous sommes d'accord, répondit M. Gave-rel. Mais vous voudrez bien traiter avec mon notaire. Je pars tout à l'heure pour le Midi. »

Et il expliqua que, étant veuf depuis huit mois, et son fils venant de se marier à Nice, il allait le retrouver pour passer une partie de l'année auprès du jeune ménage.

« D'ailleurs, je n'habite pas ici, chez mes nièces. Tenez, voici ma villa, à côté, *L'Oran-gerie*. Nos deux jardins ne font qu'un. La maison est agréable. Mais vous ne pouvez pas la juger, close comme elle est, et barricadée de ses volets. »

Lupin resta une heure encore, bavardant et plaisantant avec les jeunes filles, leur racon-tant maintes aventures et histoires qui les amusaient. Mais, du coin de l'œil, il obser-vait M. Gaverel.

On se promena dans le jardin des *Cléma-tites* et dans le jardin de *L'Orangerie*. Phi-lippe Gaverel, sa serviette de maroquin sous le bras, donnait des ordres à son valet de chambre, lequel, ayant fait charger les malles et les sacs sur un camion automobile, partit en avant pour la gare de Lyon.

« Et ta serviette, mon oncle, tu l'emportes ? dit une des sœurs.

— Bien sûr que non, dit-il, ce sont des papiers d'affaires, sans importance, que j'ai ramenés de Paris et que je vais ranger chez moi. »

De fait, il entra dans la maison. Vingt minutes après, il en sortait. Plus de serviette sous le bras, et aucun gonflement de poche qui permît de croire que les liasses de billets pussent être sur lui.

« Il les a cachées dans sa maison, se dit Lupin. Il doit être sûr de sa cachette. Décidément, c'est un vieux malin qui a fraudé le fisc sur la liquidation de la succession de sa femme. Ces gens-là ne méritent aucun ménagement. »

Il le prit à part et déclara :

« Tout bien réfléchi, monsieur, je suis acheteur.

— Parfait », dit M. Gaverel qui remit les clefs de sa villa à ses nièces.

Ils partirent ensemble. M. Gaverel n'avait décidément pas sa serviette de maroquin.

Deux semaines après, Lupin signait un chèque. Simple avance qu'il faisait au vendeur, le prix du *Clair-Logis* étant plusieurs fois garanti par les liasses de billets mises à l'abri dans la villa de *L'Orangerie*. Il ne se pressa même pas d'accomplir les recherches nécessaires, estimant qu'il ne pouvait y avoir une cachette plus sûre que celle qui inspirait tant de confiance au détenteur des billets. Ce qui fait la qualité d'une cachette, c'est que l'existence du trésor qui s'y trouve n'est connue de personne. Lupin, lui, la connaissait.

Avant tout, il devait se mettre en quête d'un architecte pour remettre en état le *Clair-Logis*. Le hasard le lui procura. Un jour, il reçut une lettre d'un docteur qui lui avait rendu jadis un inappréciable service [1], qui connaissait sa véritable personnalité, et qu'il tenait toujours au courant de ses avatars et de ses adresses successives. Le docteur Delattre lui écrivait :

« Cher ami,
« Je serais très heureux s'il vous était possible de vous occuper du jeune Félicien Charles, architecte diplômé, auquel je m'intéresse. Il a du talent..., etc. »

Lupin fit venir ce jeune homme qui lui sembla timide, réservé, désireux de plaire, mais ne sachant comment y parvenir. Assez joli garçon, du reste, de vingt-sept à vingt-huit ans, intelligent et artiste. Il comprit fort bien tout ce qui lui était demandé et offrit même de faire toute la décoration du *Logis* et de remettre le jardin en ordre. Il habiterait le pavillon de gauche.

1. Voir *L'Aiguille creuse.*

Et les mois s'écoulèrent.

Lupin ne vint guère plus de trois ou quatre
fois. Il avait introduit Félicien Charles auprès
des deux sœurs et se tenait ainsi au courant
de ce qui se passait chez elles. Lui-même, d'ailleurs, se plaisait à leur rendre visite. L'aînée
fut assez gravement malade d'une bronchite,
ce qui retarda son mariage.

La cérémonie fut enfin fixée au 9 juillet.
L'oncle Gaverel devant y assister, Lupin, qui
voyageait en Hollande, résolut de revenir huit
jours auparavant pour opérer l'escamotage des
billets de banque.

Son plan était simple. Il avait remarqué
que l'on pouvait, au bout d'un passage public
qui conduisait entre deux murs jusqu'à l'étang,
attirer la barque d'une propriété voisine.
De la sorte, une nuit, il gagnerait le jardin
de *L'Orangerie* et pénétrerait dans la maison.

Une fois en possession des liasses de billets,
il reformerait le paquet pour lui redonner son
apparence exacte. Il était hors de doute que
Philippe Gaverel, durant les vingt-quatre
heures qu'il se proposait de passer, non pas
à *L'Orangerie,* mais chez les deux sœurs, se
contenterait de voir si son paquet était bien
à sa place, sans en vérifier le contenu. Le vol
ne serait donc découvert qu'à la rentrée
d'octobre.

Mais lorsque Lupin arriva un matin dans son automobile, un drame terrible, à rebondissements tragiques, s'était abattu, la veille, sur les rives paisibles de la petite pièce d'eau.

II

TUERIES

Qu'il soit bien établi, tout d'abord, que le déjeuner qui précéda, à la villa des *Clématites*, l'effroyable douzaine d'heures où s'accumulèrent les péripéties du drame, fut, entre les deux jeunes filles et les deux jeunes gens que menaçait un destin si proche, d'une gaieté naturelle, légère, insouciante, mêlée de gentillesse et d'émotion amoureuse. Toutes les tempêtes ne s'annoncent pas par des signes précurseurs. Celle-ci éclata brusquement dans un ciel serein, sans qu'aucun pressentiment étreignît le cœur de ceux qui allaient en être les victimes effarées.

Ceux-là riaient et parlaient gaiement de leurs projets immédiats comme de leurs projets du lendemain et de la semaine suivante.

Il y avait les sœurs Gaverel qui, depuis la mort de leurs parents, c'est-à-dire depuis sept ou huit ans, continuaient d'habiter *Les Clématites*, sous le chaperonnage d'une gouvernante qui les avait vues naître, la vieille Amélie, et de son mari, Edouard, le domestique.

L'aînée des deux sœurs, Elisabeth, une grande jeune fille blonde avec un visage un peu trop pâle de convalescente et un sourire d'une séduction ingénue, s'adressait surtout à son fiancé, Jérôme Helmas, beau gaillard à la figure franche, sans situation pour l'instant, et qui, orphelin, avait gardé la petite maison où vivait jadis sa mère, dans l'agglomération même du Vésinet, au bord de la route nationale de Paris. Ami d'Elisabeth avant d'être son fiancé, il avait connu la cadette, Rolande, tout enfant, et la tutoyait. Il prenait ses repas aux *Clématites*.

Rolande, beaucoup plus jeune que sa sœur, avait plus d'expression qu'Elisabeth, plus de beauté réelle, et surtout un charme plus passionné et plus mystérieux. Et, sans doute, attirait-elle l'autre jeune homme, Félicien Charles, qui ne cessait de l'observer furtivement, comme s'il n'osait trop la regarder en face. Etait-il amoureux d'elle ? Rolande elle-même n'aurait pu le dire. Il était de ces êtres décevants dont la physionomie n'exprime pas la nature secrète, et qui ne paraissent jamais penser ou sentir comme ils pensent ou comme ils sentent.

Le repas fini, ils entrèrent tous quatre dans le studio, vaste pièce, toute intime cependant par l'arrangement des meubles, des bibelots et des livres. Sa fenêtre à l'anglaise, très large, grande ouverte, donnait sur une pelouse étroite qui séparait la villa de l'étang. L'eau immobile, sans un frisson, reflétait des arbres touffus dont les longues branches pendantes venaient rejoindre les branches qui les doublaient au creux du miroir. En se penchant, on apercevait, sur la droite, à soixante mètres, l'autre maison, *L'Orangerie,* où demeurait l'oncle Philippe. Une haie très basse marquait la limite des deux jardins, mais la bande de gazon courait, ininterrompue, tout le long de l'étang.

Elisabeth et Rolande se tinrent un moment par la main. Elles semblaient s'aimer infiniment. Rolande surtout témoignait d'un grand désir de se dévouer et aussi d'une constante inquiétude. La santé d'Elisabeth, après sa maladie, exigeait encore certaines précautions.

La laissant avec son fiancé, Rolande se mit au piano et appela près d'elle Félicien Charles, qui chercha d'abord à se dérober.

« Vous m'excuserez, mademoiselle, mais nous avons déjeuné plus tard, aujourd'hui, et mon travail commence chaque jour à la même heure.

— Votre travail ne vous laisse-t-il pas toute liberté ?

— C'est justement parce que je suis libre que je dois être exact. D'autant que M. d'Averny arrive demain à la première heure. Il voyage toute la nuit en auto.

— Quelle chance de le revoir ! dit-elle. Il est si sympathique, si intéressant !

— Vous comprenez alors mon désir de le contenter.

— Tout de même, asseyez-vous... une demi-minute seulement... »

Il obéit et se tut.

« Parlez-moi, dit-elle.

— Dois-je vous parler ou vous écouter ?

— Les deux à la fois.

— Je ne puis vous parler que si vous ne jouez plus. »

Elle ne répondit pas. Elle joua, simplement, quelques phrases de musique si douces, si abandonnées qu'on aurait pu croire à un aveu. Essayait-elle de lui faire comprendre quelque chose de secret, ou de le forcer à plus d'expansion et d'élan ? Mais il garda le silence.

« Allez-vous-en, ordonna-t-elle.

— M'en aller... pourquoi ?

— Nous avons assez causé aujourd'hui », plaisanta la jeune fille.

Il hésita, stupéfait, puis, comme elle répétait son ordre, il partit.

Rolande haussa légèrement les épaules, puis elle continua de jouer, observant Elisabeth et Jérôme qui s'entretenaient à voix basse et se regardaient, assis l'un près de l'autre sur le divan, tandis que la musique les berçait et les rapprochait encore. Vingt minutes s'écoulèrent ainsi.

A la fin, Elisabeth se leva et dit :

« Jérôme, voilà notre heure de promenade quotidienne. C'est si bon de glisser sur l'eau, entre les branches.

— Est-ce bien prudent, Elisabeth ? Vous n'êtes pas tout à fait remise.

— Mais si, mais si ! Au contraire, c'est un repos et qui me fait beaucoup de bien.

— Cependant...

— Cependant, c'est ainsi, mon cher Jérôme. Je vais chercher la barque et l'amener devant la pelouse. Ne bougez pas, Jérôme. »

Elle monta dans sa chambre comme chaque jour, ouvrit un secrétaire, et, selon son habitude, écrivit quelques lignes sur le registre où elle tenait son journal intime et où l'on devait retrouver, plus tard, ses dernières paroles.

« Jérôme m'a semblé un peu distrait, absorbé. Je lui en ai demandé la cause. Il m'a répondu que je me trompais, et, comme

j'insistais, il m'a opposé la même réponse,
mais d'une façon plus indécise, néanmoins.

« — Non, Elisabeth, je n'ai rien. Que pour-
« rais-je désirer de plus, puisque nous allons
« nous marier, et que mon rêve, qui date d'un
« an bientôt, va se réaliser. Seulement...

« — Seulement ?

« — Je m'inquiète parfois de l'avenir. Vous
« savez que je ne suis pas riche et qu'à près
« de trente ans, je n'ai aucune situation. »

« J'ai posé ma main sur sa bouche en riant :

« — Mais je suis riche, moi... Evidemment
« nous ne pourrons pas faire de folies... Mais
« aussi pourquoi êtes-vous si ambitieux ?

« — Je le suis pour vous, Elisabeth. Pour
« moi, je n'ai pas de besoins réels.

« — Mais moi non plus, Jérôme ! Je me
« contente de rien, par exemple d'être heu-
« reuse, pas davantage, dis-je en riant. Voyons,
« n'est-il pas admis que nous vivrons ici,
« tout simplement, jusqu'à ce qu'une bonne
« fée nous apporte le trésor qui nous est
« dû ?...

« — Ah ! fit-il, je n'y crois guère aux
« trésors !

« — Comment ! Mais le nôtre existe,
« Jérôme... Rappelez-vous ce que je vous ai
« raconté... Ce vieil ami de nos parents, un
« cousin éloigné qu'on n'a pas revu depuis des
« années et des années et qui n'a pas donné

« de ses nouvelles, mais qui nous aimait
« bien... Que de fois, ma vieille gouvernante
« Amélie m'a dit : « Mademoiselle Elisabeth,
« vous serez très riche. Votre vieux cousin,
« Georges Dugrival, doit vous laisser toute sa
« fortune, oui, à vous, Elisabeth. Et il est
« malade, paraît-il. » « Vous voyez bien,
Jérôme... »

« Jérôme chuchota :
« — L'argent... l'argent... soit. Mais c'est le
« travail que je voudrais. Ce que je désire
« pour vous, Elisabeth, c'est un mari qui vous
« fasse honneur... »

« Il n'en dit pas davantage. Mais je souriais.
Jérôme... mon cher Jérôme, est-ce qu'on pense
à l'avenir, quand on aime comme nous nous
aimons ? »

Elisabeth posa sa plume. Sa confidence quotidienne était finie. Elle s'apprêta, se poudra,
anima son visage d'un peu de rouge, vérifia si
le fermoir du beau collier de perles qu'elle
tenait de sa mère, et qu'elle ne quittait jamais,
était bien solide, et descendit pour gagner le
jardin de son oncle Philippe et les trois
marches de bois près desquelles la barque
était amarrée.

Jérôme n'avait pas bougé de son divan
depuis le départ d'Elisabeth. Il écoutait, sans

y prêter attention, les improvisations de Rolande.

S'interrompant, elle lui dit :

« Je suis bien contente, Jérôme. Et vous ?

— Moi aussi, dit-il.

— N'est-ce pas ? Elisabeth est une telle merveille ! Si vous saviez-la bonté et la noblesse de votre future femme ! Mais vous les connaîtrez, Jérôme. »

Elle se retourna vers le clavier et attaqua vigoureusement une marche triomphale, destinée à l'expression d'un bonheur surhumain.

Mais, de nouveau, elle s'arrêta, brusquement.

« On a crié... Vous avez entendu, Jérôme ? »

Ils écoutèrent.

Un grand silence entrait du dehors, de la calme pelouse, de l'étang paisible. Sûrement, Rolande avait fait erreur. Elle reprit, à pleines mains, ses accords de victoire et de joie.

Puis, subitement, elle se dressa.

On avait crié, elle en était certaine.

« Elisabeth... » balbutia-t-elle, en s'élançant vers la fenêtre.

Elle proféra, la voix étranglée :

« Au secours ! »

Jérôme était déjà près d'elle.

Se penchant, il vit au ras de la berge, à l'endroit des marches, un homme qui semblait tenir Elisabeth à la gorge. Celle-ci gisait, les jambes dans l'eau. A son tour, Jérôme hurla

de terreur et voulut sauter pour rejoindre
Rolande qui courait sur la pelouse.

Là-bas l'homme s'était retourné vers eux.
Tout de suite, il lâcha sa victime, ramassa
quelque chose et s'enfuit par le jardin de
L'Orangerie.

Alors, Jérôme changea d'idée. Il passa dans
la pièce voisine, y décrocha une carabine avec
laquelle les deux sœurs s'exerçaient souvent et
qu'il savait chargée, et s'arrêta sur le perron
qui dominait les jardins.

L'homme se sauvait. Il se trouvait devant
la maison et voulait manifestement atteindre
le potager de *L'Orangerie*, lequel offrait une
issue directe sur l'avenue circulaire.

Jérôme épaula et visa. Une détonation :
l'homme piqua une tête et déboula dans un
massif de fleurs où, après quelques soubre-
sauts, il demeura inerte. Jérôme s'élança.

« Vivante ? s'écria-t-il, en arrivant auprès
de Rolande qui, à genoux, étreignait sa sœur.

— Le cœur ne bat plus, dit Rolande dans
un sanglot.

— Mais non, voyons, c'est impossible !... On
peut la ranimer... », fit Jérôme avec épouvante.

Il se jeta sur le corps immobile, mais, tout
de suite, avant même de constater s'il vivait
encore, il bégaya, les yeux hagards :

« Oh ! son collier... il n'y est plus... l'homme

l'a serrée à la gorge pour lui arracher ses perles... Oh ! l'horreur !... Elle est morte... »

Il se mit à courir comme un fou, accompagné du vieux domestique, Edouard, tandis que Rolande et la gouvernante Amélie restaient auprès de la victime. Il trouva l'homme à plat ventre, dans le massif de fleurs. La balle, le frappant entre les omoplates, avait dû atteindre le cœur.

Avec l'aide d'Edouard, il le retourna. C'était un individu de cinquante à cinquante-cinq ans, vêtu pauvrement, coiffé d'une casquette sale, avec une figure blême dans une couronne ébouriffée de barbe grise.

Jérôme le fouilla. Un portefeuille crasseux contenait quelques papiers parmi lesquels deux cartons, avec ce nom écrit à la main : Barthélemy.

Dans une des poches du veston, le domestique découvrit le collier à un rang de grosses perles fines qui avait été volé à Elisabeth.

Les cris et la détonation avaient été entendus dans les environs immédiats des deux villas. Aussitôt, les gens se ruèrent aux nouvelles, regardant par-dessus les murs, ouvrant les barrières et sonnant à la porte des *Clématites*. On téléphona au commissariat de Chatou et à la gendarmerie. Un service d'ordre fut organisé. On écarta les intrus. On procéda aux premières constatations.

Jérôme Helmas s'était écroulé près de sa fiancée morte et se bouchait les yeux de ses poings crispés. Quand on la transporta chez elle, il ne remua pas, et lorsqu'on le fit chercher de la part de Rolande qui, pleine d'une énergie farouche, surmontant sa douleur, habillait Elisabeth de sa robe de mariée, il ne voulut pas venir. Il se refusait à garder de celle qu'il aimait une image différente et abîmée, moins belle, en tout cas, que l'image éblouissante du passé.

Félicien Charles qui était revenu aux *Clématites* dès que le drame lui fut annoncé, et qui n'avait pas été reçu par Rolande, tenta une diversion en mêlant Jérôme à l'enquête. Il le conduisit devant le cadavre de l'assassin, qu'on avait étendu sur une civière. Il lui demanda s'il n'avait jamais vu cet homme. Il l'interrogea sur les circonstances du drame. Rien ne put l'intéresser ni le tirer de sa torpeur.

A la fin, les policiers le harcelant de questions, il se réfugia dans le studio, où, pour la dernière fois, il avait vu Elisabeth, et n'en sortit plus.

Le soir, Rolande ne quittant pas la chambre de sa sœur, il se laissa servir par le domestique Edouard quelques aliments qu'il mangea à son insu. Puis il s'endormit lourdement, harassé de fatigue. Plus tard, il passa dans le jardin, s'y promena à la clarté de la lune, puis

se jeta sur la pelouse et s'endormit de nouveau, parmi les fleurs et l'herbe humide.

Comme des gouttes de pluie tombaient, il
rentra dans la maison. Au pied de l'escalier, il
rencontra Rolande qui descendait, chancelante
et désespérée. Ils se serrèrent la main sans un
mot. Il semblait que pour eux rien n'existât
plus que leur douleur. Vers une heure du
matin, il s'en alla.

Rolande remonta dans la chambre d'Elisabeth et y reprit sa veillée funèbre, en compagnie de la gouvernante. Les cierges pleuraient.
L'haleine plus fraîche de l'étang faisait vaciller
leur flamme.

Il plut assez fort. Puis le jour se leva dans
un ciel d'un bleu pâle, où quelques étoiles
scintillaient encore et où de petits nuages se
dorèrent peu à peu aux premiers feux du soleil.

C'est à ce moment que, sur le chemin de
traverse qui conduisait à la ville de Chatou,
un cantonnier trouva le fiancé Jérôme Helmas
à moitié évanoui sur un revers de talus,
trempé par la pluie et qui gémissait. Son col
était maculé de sang.

Un instant plus tard, dans un autre chemin
où personne encore n'avait passé à cette heure
matinale, un laitier découvrit un autre blessé,
qui avait dû être atteint d'un coup de couteau
à la poitrine, un homme jeune, habillé conve-

nablement d'un pantalon de velours noir et d'un veston de même couleur, avec une cravate lavallière à pois blancs. L'air d'un artiste. Il semblait grand et fort.

Celui-là avait été plus grièvement atteint. Il ne remuait pas. Cependant, il respirait encore, et son cœur battait faiblement.

III

RAOUL INTERVIENT

TOUTE la matinée, dans le paisible Vésinet, ce ne furent qu'allées et venues, apparitions de gendarmes, d'inspecteurs en civil et d'agents en uniforme, ronflements de moteurs, embouteillages, galopades des reporters et des photographes. On s'interpellait. Les bruits les plus insolites et les plus contradictoires circulaient.

Le seul endroit calme était le jardin et la maison des *Clématites*. Là, consigne inflexible : nul n'entrait qui ne fût de la police. Pas de curieux. Pas de journalistes. On parlait à voix basse par respect pour la morte et pour le chagrin de Rolande.

Lorsqu'on apprit à celle-ci l'agression dont Jérôme Helmas avait été victime, elle éclata en sanglots :

« Ma pauvre sœur... ma pauvre Elisabeth... »

Elle donna l'ordre qu'il fût soigné dans une clinique proche. La même clinique recueillit l'autre blessé. Le cadavre de Barthélemy, qui avait étranglé la jeune fille, reposait dans le garage, en attendant qu'on le transportât dans la chambre mortuaire du cimetière.

Vers onze heures, M. Rousselain, juge d'instruction, assis près du procureur de la République dans un confortable fauteuil de jardin, luttait contre le sommeil tout en écoutant les explications que l'inspecteur principal Goussot détaillait avec complaisance sur le quadruple drame du Vésinet.

M. Rousselain était un petit homme, tout en ventre et en cuisses, dont les digestions étaient parfois, et pour cause, assez lourdes. Juge d'instruction en province depuis quinze ans, nonchalant, dénué d'ambition, il avait tout fait pour ne pas quitter un pays où sa passion pour la pêche à la ligne le retenait. Par malheur, la récente affaire du château d'Orsacq [1], où il fit preuve de tant de finesse et de clairvoyance, avait attiré l'attention sur M. Rousselain et lui avait valu, à son grand regret, d'être nommé à Paris. Son veston d'alpaga noir et son pantalon de toile grise tire-bouchonné dénotaient sa parfaite insou-

1. Voir *Le Chapelet rouge*.

ciance en matière d'habillement. Malgré les apparences, c'était un homme subtil et d'esprit distingué, fort indépendant dans ses actes, souvent même un peu fantaisiste.

Et l'inspecteur principal Goussot, qui avait plus de réputation que de mérite vrai, concluait, d'une voix qui réveilla M. Rousselain :

« En résumé, Mlle Gaverel a été attaquée au moment où elle se baissait pour prendre la chaîne qui tenait la barque, et cette attaque fut si violente que les trois marches de bois qui descendent dans l'eau ont été rompues. Il faut noter, en effet, que Mlle Gaverel a été mouillée jusqu'au-dessus de la ceinture. Aussitôt après, lutte sur la berge, vol du collier de perles et fuite de l'assassin, lequel avait également les deux jambes mouillées. Sur cet assassin, qui a été examiné par les docteurs et que l'on a étendu dans le garage, où vous pouvez le voir, aucun renseignement, sauf ce nom de Barthélemy. Visage, habillement sont ceux d'un vagabond. Il a tué pour voler. Nous n'en savons pas davantage. »

L'inspecteur principal Goussot respira et reprit, avec la satisfaction d'un homme qui s'exprime sans chercher ses mots :

« Les deux autres, maintenant. M. Jérôme Helmas a, d'un coup de fusil, abattu l'assassin qui, sans cela, aurait sans doute réussi à s'en-

fuir. Voilà le seul point que nous puissions
préciser. Quant au reste, les déclarations qu'il
m'a faites sur son lit de souffrance et malgré
son épuisement sont tout à fait vagues.
D'abord, il ne connaissait pas l'assassin de sa
fiancée. Et ensuite, il n'a pas reconnu non plus
son agresseur nocturne et il ne sait pas la
raison pour laquelle il a été attaqué. Et,
d'autre part, nous n'avons aucun indice sur
l'identité du second blessé et aucun sur les
conditions de l'assaut qu'il a subi. Tout au
plus devons-nous supposer que, dans les deux
cas, l'agresseur est le même. »

Quelqu'un interrompit le policier :

« Ne pouvons-nous pas, tout aussi bien,
supposer, monsieur l'inspecteur principal, qu'il
y a eu, cette nuit, non pas drame entre trois
hommes, c'est-à-dire un agresseur et deux victimes, mais drame entre deux hommes seulement, M. Jérôme Helmas ayant été assailli
par un individu qui, blessé par M. Helmas, a
pu se traîner, durant trois ou quatre cents
mètres, jusqu'à l'endroit où il est tombé cette
nuit ? »

On avait écouté, non sans intérêt, la très
saisissante hypothèse du monsieur qui venait
de l'exposer. Mais, ce monsieur, on le regardait
avec surprise. Qui était-il ? On s'était bien
rendu compte qu'il sortait de la maison des
Clématites et qu'il avait écouté les conclusions

de l'inspecteur Goussot. Mais de quel droit cette intrusion ?

L'inspecteur principal, irrité que l'on substituât une hypothèse à la sienne, demanda :

« Qui donc êtes-vous, monsieur ?

— Raoul d'Averny. Ma propriété se trouve non loin d'ici, en face du grand lac. Absent de Paris depuis quelques semaines, et revenant ce matin, j'ai appris ce qui s'était passé ici par un jeune architecte qui habite chez moi, où il travaille à la décoration de ma villa. Félicien Charles était un ami de ces demoiselles Gaverel et déjeunait hier avec elles. Il y a une heure, je l'ai accompagné jusqu'auprès de Mlle Rolande et je n'ai pas cru indiscret d'errer un moment dans le jardin et d'écouter vos remarquables déductions, monsieur l'inspecteur principal. Elles révèlent un maître de l'enquête. »

Raoul d'Averny avait un sourire ineffable et un certain air narquois qui eussent donné à tout autre qu'à l'inspecteur principal Goussot la sensation d'être tourné en ridicule. Mais l'inspecteur Goussot était trop gonflé de son importance et assuré de ses talents pour éprouver une telle impression. Flatté du compliment final, il s'inclina et se contenta de remettre à sa place le sympathique amateur.

« C'est une supposition que je n'ai pas manqué de faire, monsieur, dit-il en souriant. Je

l'ai même soumise à M. Helmas, qui m'a
répondu : « Avec quelle arme aurais-je
« frappé ? Je n'en avais pas. Non. Je me suis
« défendu comme j'ai pu, à coups de pied et
« à coups de poing.

« — D'un coup de poing à la figure, m'a dit
« M. Helmas, j'ai mis mon adversaire en fuite,
« alors que j'étais déjà blessé. » Réponse caté-
gorique, n'est-ce pas, monsieur ? Or, j'ai examiné le second blessé : il ne porte aucune
trace de coups, ni sur la figure ni ailleurs.
Donc... »

A son tour, Raoul d'Averny s'inclina :

« Parfaitement raisonné », dit-il.

Mais le juge d'instruction, M. Rousselain, à
qui le personnage plaisait, lui demanda :

« Vous n'avez pas d'autre observation à
nous communiquer, monsieur ?

— Oh ! pas grand-chose. Et je craindrais
d'abuser...

— Parlez, parlez... je vous en prie. Nous
sommes en face d'une affaire qui paraît inex-
tricable et le moindre petit pas en avant peut
avoir son importance. Nous vous écoutons...

— Eh bien, fit Raoul d'Averny, la cause qui
a précipité Elisabeth Gaverel dans l'eau, lorsqu'elle fut assaillie, est, sans contestation,
n'est-ce pas ? l'effondrement des marches en
bois. Je les ai examinées, ces marches démolies. Elles étaient soutenues par deux pieux

assez forts enfoncés dans l'étang. Or, ces pieux ont cédé sous la poussée pour la bonne raison que tous deux avaient été sciés récemment aux trois quarts. »

Un faible gémissement accueillit ces paroles. Rolande avait quitté le studio en s'appuyant au bras de Félicien Charles. Debout, toute chancelante, elle écoutait les paroles de M. d'Averny.

« Est-ce possible ? » balbutia-t-elle.

L'inspecteur Goussot s'était élancé jusqu'aux marches. Il ramassa l'un des pieux que M. d'Averny avait remonté sur la berge, et le rapporta en disant :

« Aucune erreur. La coupure est très nette et toute fraîche. »

Rolande observa :

« Depuis une semaine, dit-elle, ma sœur allait chaque jour, à la même heure, chercher la barque. Celui qui l'a tuée le savait donc ? et il aura donc tout préparé ? »

Raoul hocha la tête.

« Je ne crois pas que les choses se soient passées de la sorte, mademoiselle. L'assassin n'avait pas besoin de la jeter à l'eau pour lui arracher son collier. Une attaque brusque, une lutte de deux ou trois secondes sur la berge... et la fuite... cela suffisait. »

Le juge d'instruction prononça, fort inté-ressé :

« Alors, selon vous, ce serait une autre personne qui aurait tendu ce piège affreux ?

— Je le crois.

— Qui ? Et pourquoi ce piège ?

— Je l'ignore. »

M. Rousselain ne put s'empêcher de sourire légèrement :

« L'affaire se complique. Il y aurait deux assassins : l'un d'intention, l'autre de fait, et qui n'aurait, en somme, celui-ci, que profité d'une occasion. Mais ce dernier, par où est-il entré dans la propriété ? Et où se cachait-il ?

— Là, dit Raoul en désignant du doigt *L'Orangerie* de l'oncle Philippe Gaverel.

— Dans cette maison ? Inadmissible. Regardez : toutes les fenêtres et portes du rez-de-chaussée sont closes et munies de volets hermétiques. »

Raoul répondit nonchalamment :

« Toutes sont munies de volets hermétiques, mais toutes ne sont pas closes.

— Allons donc !

— L'une d'elles, la porte-fenêtre qui est placée la plus à droite, n'est pas close. Les deux battants ont été ouverts, de l'intérieur forcément, et ont été attirés l'un contre l'autre. Allez-y voir, monsieur l'inspecteur.

— Mais comment l'individu serait-il entré dans la maison ? demanda M. Rousselain.

— Sans doute par la porte de la façade

principale, qui donne sur l'avenue extérieure.

— Il aurait donc de fausses clefs ?

— Sans doute.

— Et il aurait choisi cet endroit pour sur-
veiller Mlle Gaverel et pour l'attaquer ? C'est
bien extraordinaire.

— J'ai mon idée à ce propos, monsieur
le juge d'instruction. Mais attendons que
M. Gaverel soit là. Prévenu hier par un télé-
gramme de Mlle Rolande, il doit arriver de
Cannes où il était en villégiature auprès de son
fils. On l'attend d'un moment à l'autre, n'est-ce
pas, mademoiselle ?

— Il devrait déjà être arrivé », affirma
Rolande.

Un long silence suivit. L'autorité de
M. d'Averny s'imposait à tous ceux qui
l'avaient écouté. Tout ce qu'il disait semblait
vraisemblable, au point qu'on l'admettait
comme véridique, malgré les contradictions et
les impossibilités.

L'inspecteur Goussot, planté devant *L'Orangerie*, observait la porte-fenêtre qui, en effet,
n'était pas close. Les magistrats s'entretinrent
à voix basse. Rolande pleurait doucement. Félicien la regardait ou regardait M. d'Averny.

A la fin, celui-ci reprit :

« Vous avez dit, monsieur le juge d'instruction, que l'affaire est compliquée. Elle l'est, en
effet, hors de toute proportion. Et c'est dans

de semblables cas que je me méfie de ce que je vois et de ce que je saisis, et que je suis enclin à simplifier, pour ce motif que la réalité se ramène le plus souvent à une certaine unité de lignes. Il n'y a pas, dans la vie, un tel embrouillamini d'événements simultanés. Cela n'existe point. Jamais le destin ne s'amuse à accumuler de la sorte les coups de théâtre. En douze heures, un guet-apens, une noyade, un étranglement, un vol, une mort, puis deux autres guets-apens qui auraient pu, qui auraient dû aboutir à deux autres morts ! Tout cela incohérent, bête, absurde, inhumain. Non, en vérité, c'est trop... Et c'est pourquoi...

— Et c'est pourquoi ?

— C'est pourquoi je me demande s'il n'y a pas, dans cet enchevêtrement, une ligne qui sépare les faits, qui met les uns à droite, les autres à gauche... bref, s'il n'y aurait pas, au lieu d'une seule affaire, trop touffue, deux affaires normales qui, en un point quelconque de leur développement, ont pris contact par hasard. Au cas où il en serait ainsi, il suffirait de trouver le point de contact à partir duquel il y a eu emmêlement des deux fils et l'on commencerait à s'y reconnaître un peu.

— Oh ! oh ! fit M. Rousselain, en souriant, nous entrons dans le domaine de la fantaisie. Avez-vous une preuve quelconque sur quoi vous appuyer ?

— Aucune, dit Raoul d'Averny, mais les preuves sont quelquefois moins probantes que la logique. »

Il se tut. Chacun réfléchissait. On entendit le bruit d'une automobile qui s'arrêta derrière *Les Clématites*. Rolande s'élança au-devant de son oncle Gaverel.

Ils montèrent ensemble dans la chambre funèbre, puis M. Gaverel rejoignit les magistrats.

On le mit au courant en quelques mots. Raoul d'Averny lui montra la porte ouverte de sa villa et dit :

« Il est probable, monsieur, que quelqu'un s'est introduit chez vous. »

M. Gaverel pâlit :

« Quelqu'un ? Mais dans quelle intention ?

— Pour voler. Aviez-vous laissé des objets précieux. Des valeurs ?... »

L'oncle de Rolande chancela.

« Des objets ?... des valeurs ?... mais non... Et puis, comment l'aurait-on su ? Non, non, je ne puis croire... »

Soudain, il se mit à courir comme un fou vers *L'Orangerie*, en criant :

« Non !... ne venez pas... Que personne ne vienne. »

Il alla droit vers le rez-de-chaussée de *L'Orangerie*, poussa la porte entrebâillée et disparut.

Deux minutes s'écoulèrent. On perçut des exclamations. Quelques secondes encore, et il surgit, battit des bras et s'écroula sur la marche du seuil, où tout le monde l'attendait.

Il bredouilla :

« Oui... c'est cela... on m'a volé... on a découvert la cachette... C'est épouvantable... je suis ruiné... on a découvert la cachette... Est-ce croyable ? on a tout pris...

— Un vol important ? demanda le juge d'instruction... A combien estimez-vous ?... »

M. Gaverel se dressa. Il était livide, et comme effaré de sa confidence.

« Important, oui... Mais ça ne regarde que moi... La justice ne doit s'occuper que d'une chose : j'ai été volé... qu'on retrouve le voleur !... qu'on me rende ce qui m'a été dérobé... »

Raoul d'Averny et l'inspecteur Goussot entrèrent. Ayant gagné le vestibule, ils constatèrent que la serrure de la porte principale, donnant sur l'avenue, avait été fracturée, comme le prévoyait d'Averny, et que la porte ne tenait fermée que par le verrou de sûreté poussé à l'intérieur.

Ils retournèrent dans le jardin, et Raoul demanda à la jeune fille :

« Vous m'avez raconté, mademoiselle, que, quand vous avez enjambé la fenêtre de votre studio, hier, vous avez aperçu le meurtrier de

votre sœur qui, dans sa fuite, ramassait quelque chose ?

— Oui... en effet...

— Comment était cette chose ?

— J'ai à peine vu...

— Un paquet ?

— Oui... je crois... un paquet de petites
dimensions... qu'il a caché sous sa veste, en
courant. »

Qu'était devenu ce paquet ? Le domestique,
Edouard, qu'on fit venir, et qu'on ne pouvait
soupçonner, affirma qu'on n'avait rien découvert sur le cadavre.

Tous ceux qui furent questionnés, policiers
ou quidams, déclarèrent que, ni la veille, ni
depuis le matin, ils n'avaient ramassé le
moindre paquet.

Philippe Gaverel reprenait espoir...

« On le retrouvera, dit-il... je suis persuadé
que la police le retrouvera.

— Pour qu'on retrouve ce paquet, riposta
M. Rousselain, encore faudrait-il qu'on en ait
le signalement.

— Un petit sac de toile grise.

— Qui contenait ? »

M. Gaverel s'emporta.

« Cela ne regarde que moi !... C'est mon
affaire... Que j'aie jugé bon de mettre à l'abri
des billets ou des documents c'est mon
affaire ?

— Enfin, étaient-ce des billets de banque ?

— Non, non, je n'ai pas dit cela, fit M. Gaverel de plus en plus irrité. Pourquoi voulez-vous qu'il y ait des billets ? Non... Des lettres... des documents inestimables pour moi.

— Bref ?

— Bref, un petit sac de toile grise, voilà ce que je réclame, la justice n'a qu'à chercher un petit sac de toile grise.

— Quoi qu'il en soit, dit Raoul après un long silence, la preuve est faite. Au cours de l'avant-dernière nuit, un cambrioleur, le vieux Barthélemy, s'est introduit dans cette maison. A force de recherches, il a fait main basse sur le sac. Comment repartir ? Par le vestibule et la porte de l'avenue extérieure ? Non, en plein jour, il risquerait d'être surpris. Alors, il ouvre cette porte-fenêtre, pensant bien que, dans le jardin d'une maison inhabitée, il n'y aura personne, et qu'il pourra utiliser l'issue du potager. Or, c'est le moment précis où Elisabeth Gaverel arrive des *Clématites*. La rencontre est inopinée. La jeune fille pousse un cri, qui fut vaguement entendu des *Clématites*. Que se produit-il alors ? Le cambrioleur se précipite vers elle. Elle veut s'enfuir. Le choc a lieu sur les marches. Nous savons le reste. »

De nouveau, l'inspecteur Goussot leva les épaules.

« Fort possible... mais je n'étais pas là.

— Moi non plus...

— Par conséquent, rien ne démontre que les choses se soient passées de la sorte, c'est-à-dire que le sieur Barthélemy n'ait pas lui-même préparé l'attentat dont Mlle Gaverel a été la victime.

— Rien ne le démontre, en effet », avoua Raoul.

Cependant, il se faisait tard. Le substitut était obligé de rentrer à Paris et l'estomac de M. Rousselain commençait à le tourmenter. Il consulta tout bas le domestique. N'y avait-il pas là, aux environs, quelque bon restaurant ?

« Monsieur le juge d'instruction, dit Raoul d'Averny, si vous vouliez me faire l'honneur d'accepter mon invitation, je crois qu'on ne mange pas trop mal chez moi... »

Il invita aussi l'inspecteur principal qui refusa avec humeur, désireux de ne pas interrompre son enquête. Rolande prit à part Raoul d'Averny et lui dit tout émue :

« Monsieur... j'ai confiance en vous... Ma sœur sera vengée, n'est-ce pas ?... Je l'aimais tant... »

Il affirma :

« Votre sœur sera vengée. Mais j'ai l'impression que c'est vous surtout qui pouvez... »

Il la regarda bien droit dans les yeux et répéta :

« Comprenez bien, mademoiselle, c'est vous

surtout qui pouvez m'aider... Il y a un problème terrible à résoudre, et sur lequel nous
n'avons réellement aucune clarté. Ne cessez
pas un instant d'y réfléchir. Cherchez si votre
sœur n'avait pas d'ennemi, s'il n'y avait rien
dans sa vie qui pût provoquer la jalousie ou la
haine... En ce cas, tenez-moi au courant. De
mon côté, je me consacre entièrement à vous...
et nous réussirons. »

IV

L'INSPECTEUR GOUSSOT ATTAQUE

Le déjeuner qu'offrit Raoul et auquel assista Félicien Charles réjouit fort M. Rousselain qui se répandait en compliments et en exclamations.

« Ah ! cette langouste !... Ah ! ce sauternes !... Et cette poularde !...

— Je connaissais votre faible, monsieur le juge d'instruction, lui dit Raoul d'Averny.

— Ouais ! Et par qui ?

— Par un de mes amis, Boisgenêt, qui assistait à cette fameuse affaire du château d'Orsacq, où vous avez fait merveille.

— Moi ? J'ai laissé les choses suivre leur cours.

— Oui, je connais votre théorie. Quand il

y a drame passionnel, ce sont les acteurs du drame eux-mêmes, qui, par le déchaînement de leurs passions, dissipent peu à peu les ténèbres.

— Absolument, et c'est grand dommage qu'il n'en soit pas de même aujourd'hui. Vol d'argent, vol de collier... aucun intérêt.

— Qui sait ? Il y a eu piège tendu à Elisabeth Gaverel.

— Oui, le piège de l'escalier rompu. Mais, vraiment, est-ce que vous croyez beaucoup à cette machination ? Est-ce que vous croyez à deux affaires distinctes ?

— Surtout, monsieur le juge d'instruction, ne voyez pas en moi un détective amateur imbu de ses petits talents... Non... J'ai beaucoup lu... Jamais de romans policiers : cela m'assomme... Mais *La Gazette des Tribunaux*... et des récits de crimes réels. Et j'ai tiré de mes lectures une certaine expérience, et des vues... parfois justes... parfois tout à fait erronées... et qui, à l'occasion, me permettent de bavarder à tort et à travers... et d'épater des policiers de second ordre... comme ce brave inspecteur Goussot. La vérité, c'est que tout cela est diablement obscur ! Il n'y a qu'une chose qui soit limpide, ajouta-t-il en riant, c'est que M. Philippe Gaverel ne veut pas qu'on le soupçonne de dissimuler des billets de banque. Et pourtant, admettons qu'on retrouve le sac de toile grise, à quoi cela lui servira-t-il s'il n'y a plus rien dedans ?

— Certes, dit M. Rousselain, le premier soin du voleur sera de découdre le sac et de s'emparer du contenu. Aussi, il y aurait bien peu de chances de retrouver les billets. »

Félicien se taisait. Durant tout le repas, il avait écouté avec attention Raoul d'Averny, mais sans se mêler un instant à la conversation.

Vers trois heures, M. Rousselain ramena ses deux compagnons dans le jardin des *Clématites* où ils retrouvèrent l'inspecteur principal.

« Eh bien, monsieur l'inspecteur, du nouveau ? »

Goussot prit son air le plus détaché.

« Peuh ! pas grand-chose. J'ai été prendre des nouvelles de M. Jérôme Helmas à la clinique, et j'ai parlé avec les médecins. Quoique sa vie ne soit pas en danger, on ne m'a pas permis de l'interroger à fond. Tout au plus a-t-il pu me dire que l'individu qui l'a suivi et attaqué, lui a semblé sortir de l'impasse qui conduit à l'étang.

— Et le couteau du crime ?

— Impossible de le retrouver.

— L'autre blessé ?

— Son état reste toujours grave et l'on n'ose pas encore se prononcer.

— Aucun renseignement sur lui ?

— Aucun. »

L'inspecteur prinçipal fit une pause, puis laissa tomber distraitement :

« Cependant... j'ai fini par établir, à son propos, un fait assez curieux.

— Ah ! lequel ?

— Eh bien, cet individu, qui devait être attaqué la nuit, était entré dans ce jardin, hier.

— Que dites-vous ? Dans ce jardin ?

— Ici même.

— Mais comment ?

— Eh bien, il a pénétré d'abord dans la villa en profitant de ce que M. Félicien Charles y pénétrait lui-même, lorsque celui-ci, après le meurtre de Mlle Elisabeth, a voulu voir sa sœur Rolande.

— Et ensuite ?

— Ensuite il s'est mêlé aux gens attirés par la détonation et qui s'introduisaient par tous les moyens possibles avant que l'ordre ne fût établi.

— Vous êtes sûr ?

— Les témoignages des personnes que j'ai interrogées à la clinique sont affirmatifs.

— C'est sans doute, dit le juge d'instruction à Félicien, un hasard s'il a pénétré en même temps que vous ?

— Je n'ai rien remarqué, dit Félicien.

— Vous n'avez rien remarqué ? reprit Goussot.

— Rien.

— Bizarre. On vous a vu cependant parler avec lui.

— Ça se peut, fit le jeune homme sans aucun embarras, j'ai parlé avec ceux qui étaient là, gendarmes, curieux.

— Et vous n'avez pas noté un grand garçon, un genre de rapin, avec une cravate lavallière à pois blancs ?

— Non... ou peut-être oui... je ne sais pas... j'étais si affolé. »

Il y eut une pause. Puis l'inspecteur Goussot poursuivit :

« Vous habitez bien un petit pavillon dépendant de la propriété de M. d'Averny, ici présent ?

— Oui.

— Vous connaissez le jardinier ?

— Certes.

— Eh bien, ce jardinier prétend que, hier, au moment de la détonation, vous étiez assis dehors...

— En effet.

— Et que vous étiez assis avec un monsieur qui était déjà venu vous voir deux ou trois fois. Or, ce monsieur n'est autre que notre homme. Le jardinier l'a formellement reconnu à la clinique, il y a un instant. »

Félicien rougit, s'essuya le front, hésita et finit par répliquer : « Je ne savais pas qu'il

s'agissait de lui. Je vous répète que j'étais tellement troublé que je ne saurais dire s'il est
venu avec moi aux *Clématites*, et, non plus,
s'il se trouvait avec moi dans la foule, hier.

— Quel est le nom de votre ami ?

— Ce n'est pas mon ami.

— N'importe ! Quel est son nom ?

— Simon Lorient. Il m'a abordé un jour où
je peignais au bord du grand lac. Il m'a dit
qu'il était peintre aussi, mais qu'il ne savait
pas où placer ses œuvres, pour le moment, et
qu'il cherchait du travail. Depuis, il voulait
être présenté à M. d'Averny. Je le lui ai promis.

— Vous l'avez vu souvent ?

— Quatre ou cinq fois.

— Quelle est son adresse ?

— Il habite Paris. Je n'en sais pas davantage. »

Le jeune homme avait recouvré son aplomb
à tel point que le juge d'instruction murmura :

« Tout cela est fort plausible. »

Mais Goussot ne lâchait pas prise.

« Donc, vous l'avez vu hier ?

— Oui, près du pavillon que j'habite. Je
croyais alors que M. d'Averny serait de
retour, et Simon Lorient lui eût été présenté.

— Et, plus tard, depuis le moment où j'ai
fait évacuer le jardin ?

— Je ne l'ai pas revu.

— Cependant, il a continué de rôder, lui, autour des maisons qui bordent l'étang. Il a été dîner dans un caboulot voisin, et on est à peu près sûr de l'avoir aperçu hier soir, tout à côté d'ici. Il se dissimulait dans l'ombre.

— Je n'en sais rien.

— Que faisiez-vous, de votre côté ?

— J'ai dîné dans mon pavillon, servi, comme chaque jour, par la concierge de M. d'Averny.

— Ensuite ?

— Ensuite, j'ai lu, et je me suis couché.

— A quelle heure ?

— Vers onze heures.

— Et vous n'êtes pas ressorti ?

— Non.

— Vous en êtes certain ?

— Certain. »

L'inspecteur Goussot se tourna vers un groupe de quatre personnes qu'il avait déjà interrogées. L'une de ces personnes, un monsieur d'un certain âge, s'avança.

Goussot lui dit :

« Vous habitez, n'est-ce pas, une des villas voisines ?

— Oui, au-delà du potager de M. Philippe Gaverel.

— Cette villa est longée, d'un côté, par un passage public qui permet à tout le monde d'atteindre l'étang ?

— Oui.

— Or, vous m'avez déclaré que, vers minuit trois quarts, comme vous étiez à prendre l'air à votre fenêtre, vous avez vu quelqu'un qui ramait sur l'étang et qui est venu atterrir au bout du passage. Ce quelqu'un a rapproché la barque de votre propriété et l'y a attachée à son poteau habituel. C'était la vôtre dont il s'était servi. Vous avez reconnu le promeneur, n'est-ce pas ?

— Oui. Il y avait quelques nuages qui se sont écartés. La lune l'a frappé en plein visage. Alors, il s'est jeté dans la partie obscure. C'était M. Félicien Charles. Il est resté dans le passage un assez long moment.

— Ensuite ?

— Ensuite, je ne sais pas. Je me suis couché et endormi.

— Vous affirmez que c'était M. Félicien Charles, ici présent ?

— Je crois pouvoir l'affirmer, sans crainte d'erreur. »

L'inspecteur Goussot dit à Félicien :

« Par conséquent, vous avez passé la nuit dehors et non dans votre lit ? »

Félicien répliqua fermement :

« Je n'ai pas quitté ma chambre.

— Si vous n'avez pas quitté votre chambre, comment se peut-il qu'on vous ait vu descendre de barque et vous poster dans l'impasse, et ensuite que M. Helmas ait cru dis-

cerner que son agresseur venait de cette
impasse ?

— Je n'ai pas quitté ma chambre », répéta
Félicien.

M. Rousselain avait gardé le silence, un peu
gêné d'avoir pris un repas à la même table
que ce jeune homme qui se défendait si mal.
Il regarda Raoul d'Averny, lequel avait écouté
sans mot dire non plus, et tout en étudiant
Félicien.

Raoul intervint aussitôt :

« En attendant, monsieur l'inspecteur, que
l'enquête vérifie tous ces racontars et leur
attribue leur véritable signification, puis-je
savoir où vous voulez en venir à l'égard de
Félicien Charles ? »

Goussot riposta :

« Je n'ai d'autre but que de réunir les éléments de la vérité.

— Monsieur l'inspecteur, on réunit toujours
ces éléments selon l'idée générale d'une vérité
que l'on croit déjà pressentir.

— Je n'ai aucune idée.

— Si. Dans le cas actuel, il résulterait de
votre interrogatoire : 1° que vous vous occu-
pez surtout du second drame, c'est-à-dire du
vol des billets de banque et des deux agres-
sions nocturnes ; 2° que, Félicien étant dehors,
cette nuit, s'est servi de la barque pour pénétrer dans le jardin de *L'Orangerie* et chercher

le sac de toile grise contenant les billets, et ensuite que, vers une heure du matin, tapi dans l'ombre, il a pu suivre un instant plus tard le fiancé de la victime, M. Jérôme Helmas, et l'attaquer, cela pour on ne sait quelles raisons. Et, au fond de vous, il est clair que vous vous demandez s'il ne fut pas aussi l'agresseur de l'autre blessé, Simon Lorient.

— Je ne me demande rien, monsieur, dit Goussot sèchement, et je n'ai pas l'habitude qu'on me questionne.

— Je me permets seulement de remarquer, continua Raoul d'Averny, que vos soupçons semblent associer Félicien Charles et Simon Lorient. En ce cas, s'ils étaient de connivence, comment Félicien Charles pourrait-il être à la fois le complice et l'agresseur de Simon Lorient ? »

Goussot ne répondit pas. Raoul haussa les épaules.

« De telles présomptions ne tiennent pas debout. »

Mais le silence de l'inspecteur mettait fin à la scène. Debout sur le perron, très belle dans ses vêtements de deuil, Rolande avait écouté.

Elle saisit le bras de son oncle. Ils allaient à la clinique auprès de Jérôme Helmas.

Raoul n'insista pas. Au bout d'un moment, il dit à Félicien :

« Rentrons. »

Et il salua le juge d'instruction.

En route, Raoul d'Averny demeura taciturne. Arrivé devant sa villa, il conduisit le jeune homme dans un petit cabinet de travail qui s'ouvrait en arrière des salons, sur un coin de jardin isolé par des haies.

Là, il le fit asseoir et lui dit :

« Vous ne m'avez jamais demandé pourquoi je vous avais écrit de venir me voir.

— Je n'ai pas osé, monsieur.

— Par conséquent, vous ne savez pas pourquoi je vous ai offert de décorer cette villa et d'y habiter ?

— Non.

— Vous n'êtes pas curieux ?

— J'ai craint d'être indiscret. Vous ne m'interrogiez pas.

— Si. Je vous ai questionné sur votre passé. Vous m'avez dit que vos parents étaient morts depuis des années et que la vie était dure pour vous. Mais j'ai senti une telle réserve, un tel désir de ne rien révéler sur vous-même que je n'ai pas insisté. Depuis, on ne s'est guère parlé, vous et moi, ce qui fait que, somme toute, je ne vous connais pas. Aujourd'hui... »

Après une pause, où il parut hésiter, il conclut assez brusquement :

« Aujourd'hui, il semble que vous êtes compromis dans une mauvaise affaire, ou du

moins qu'il vous est difficile d'expliquer le rôle
que vous y avez joué, peut-être à votre insu.
Voulez-vous vous confier à moi sans réticence ? »

Félicien expliqua :

« Vous ne sauriez croire, monsieur, à quel
point je vous suis reconnaissant de tout ce que
vous avez fait pour moi. Mais je n'ai rien à
confier.

— Je ne déteste pas votre réponse, dit
Raoul. A votre âge, et dans les circonstances
où vous vous trouvez, il faut savoir se
débrouiller seul. Si vous êtes coupable de
quelque chose, tant pis pour vous. Si vous êtes
innocent, la vie vous récompensera. »

Félicien se leva et s'approcha de Raoul
d'Averny.

« Que croyez-vous donc, monsieur ? »

Raoul l'observa un bon moment. Les yeux
du jeune homme clignotaient, le visage manquait de franchise. Il prononça :

« Je ne sais pas. »

L'enterrement d'Elisabeth Gaverel eut lieu
le lendemain. Rolande marcha vaillamment
jusqu'au cimetière et ne détourna pas ses yeux
de la tombe ouverte.

Sur le cercueil, elle garda son bras tendu et
chuchota des mots que l'on n'entendit point,
des mots certes par quoi elle disait à sa sœur

tout son désespoir et lui jurait de rester fidèle
à son souvenir.

Elle s'en alla au bras de son oncle. Celui-ci
eut une longue conversation avec M. Rousselain. Si accablé qu'il fût, il ne voulut pas
démordre de son système.

« Pas un seul billet de banque, monsieur le
juge, mais des lettres et des documents précieux. Je donne mission à la justice de mettre
la main sur le sac de toile grise qui les contient. Et c'est ainsi que je rédigerai tantôt,
avant mon départ pour le Midi, une plainte au
Parquet. »

Raoul d'Averny, lui, se promena autour de
l'étang, puis, assis sur une borne, il acheva la
lecture des journaux du matin.

L'un d'eux, informé évidemment par quelque
reporter audacieux et habile, qui, la veille,
caché on ne sait où, avait pu entendre et voir,
l'un d'eux donnait tous les détails de l'instruction et relatait le troublant interrogatoire
dirigé par Goussot contre Félicien Charles.

« Allez donc travailler dans ces conditions ! » bougonna d'Averny avec mauvaise
humeur.

Il regagna sa propriété, d'où il aperçut Félicien qui travaillait. Rentrant chez lui, il traversa le vestibule, et passa dans cette petite
pièce où il aimait réfléchir et rêvasser.

Une femme l'y attendait, sans chapeau, vêtue

d'une robe très simple, avec un foulard rouge autour du cou — une inconnue, qui restait debout, montrant un magnifique visage tourmenté d'expressions diverses, où il y avait de la douleur, du désarroi, de la colère, de l'hostilité...

« Qui êtes-vous ?...

— La maîtresse de Simon Lorient. »

V

FAUSTINE CORTINA ET SIMON LORIENT

CELA fut dit d'un ton franchement agressif et comme si Raoul d'Averny eût été responsable des mésaventures de Simon Lorient.

Raoul lui dit :

« Je suppose que vous avez lu, ce matin, l'article de *L'Echo de France,* où l'on semble accuser mon hôte, Félicien Charles. Ne sachant où le rejoindre, c'est à moi que vous vous en prenez, n'est-ce pas ? »

Au premier choc, la colère de la jeune femme se déchaîna, une colère pleine de sanglots et d'effroi, qui révélait une nature violente, sombre, incapable, par moments, de se contrôler.

« Voilà trois jours que celui que j'aime a

disparu, trois jours que je le cherche vainement et que je cours de tous côtés comme une
folle. Et ce matin, brusquement, dans ce journal — car je les lis tous avec l'épouvante
d'apprendre qu'il a été victime d'un accident —
dans ce journal, j'ai lu son nom... Il était
blessé, presque mourant. Il est peut-être mort
à l'heure actuelle...

— Alors pourquoi êtes-vous venue ici au lieu
d'aller à la clinique ?

— Avant d'y aller, j'ai voulu vous voir.

— Pourquoi ? »

Elle ne répondit pas à la question. Elle marcha vers Raoul, furieuse et superbe d'ailleurs,
et proféra :

« Pourquoi ? Parce que c'est vous qui êtes
l'auteur de tout cela. Oui, vous ! Toute l'affaire
est votre œuvre, il suffit de lire ce journal. Félicien Charles ? Un comparse. Le chef, c'est
vous ! Celui qui a machiné toute l'aventure,
c'est vous ! J'en ai l'intuition, la certitude...
Dès que j'ai lu le journal, je me suis dit :
« C'est lui ! »

— Qui, moi ? Vous ne me connaissez pas.

— Si, je vous connais.

— Vous me connaissez, moi, Raoul
d'Averny ?

— Non, vous, Arsène Lupin ! »

Raoul fut interloqué. Il n'attendait pas cette
attaque directe ni que son véritable nom lui

fût jeté, ainsi qu'une insulte. Comment cette
femme pouvait-elle savoir ?...

Il lui saisit la main, brutalement.

« Que dites-vous ? Arsène Lupin...

— Oh ! ne mentez pas ! A quoi bon ! Il y a
longtemps que je le sais. Simon m'a souvent
parlé de vous et de ce nom d'Averny sous
lequel vous vous cachez !... Je suis même venue
ici, un soir de la semaine dernière, pendant
votre absence et sans que personne le sache...
Il voulait que je voie la maison d'Arsène
Lupin. Ah ! ce que je l'ai averti pourtant !
« N'essaie pas de le connaître. Ça te porterait
« malheur. Qu'est-ce que tu attends de cet
« aventurier ?... »

Elle tendait son poing crispé vers Raoul.
Elle l'injuriait du regard et de sa voix toute
frémissante de mépris. Raoul l'écoutait, impassible. D'où provenait donc cette étrange histoire ? Il avait été voir Simon Lorient à la
clinique. Il ne le connaissait pas. Dans quelle
intention Simon Lorient voulait-il entrer en
relations avec lui ? Comment avait-il pu deviner que Raoul d'Averny n'était autre qu'Arsène
Lupin ? Par suite de quels hasards était-il en
possession d'un tel secret ?

Raoul eut l'impression que la jeune femme
ne pourrait le renseigner à ce propos, ou du
moins qu'elle ne le voudrait pas. Elle avait
un front obstiné et des yeux inflexibles. Droite,

ardente dans son immobilité, malgré tout, elle
ne perdait rien de son charme un peu barbare,
et gardait dans sa pose une noblesse incroya-
ble. Elle savait — par instinct ou par habitude ? — se servir de sa beauté et la mettre
en relief. La soie souple de son corsage accu-
sait ses formes et montrait la ligne harmo-
nieuse de ses épaules.

L'admiration visible de Raoul la fit rougir.
Elle se courba dans un fauteuil et, de ses deux
bras croisés, de ses deux mains plaquées sur
ses joues, elle se cacha à demi. Soudain défail-
lante, elle pleurait.

« Vous ne sauriez croire ce qu'il est pour
moi... C'est toute ma vie... S'il meurt, je mour-
rai... Je n'ai jamais aimé d'autre homme...
J'étais à genoux devant lui... Je me serais tuée
pour lui épargner une peine. Et il m'aimait si
profondément... Aussitôt riches, on devait
s'épouser et partir... oui, partir...

— Qui vous empêche ?

— Et s'il meurt ? »

Mais cette idée de mort la souleva de nouveau. Elle passait ainsi d'un excès à l'autre, en
l'espace de quelques secondes, dans une agitation désordonnée d'idées et de sensations.

Elle se jeta sur Raoul.

« C'est vous qui l'aurez tué... Je ne sais comment... Mais c'est vous... Et je me vengerai
comme on sait se venger dans mon pays, en

Corse. Il ne faut pas qu'il meure avant d'être
sûr qu'il a été vengé. Le coup qu'il a reçu
vient d'Arsène Lupin. Et votre nom, je le crie-
rai partout... Oui, je vous dénonce à la police.
Et sans plus tarder ! Il faut qu'on sache qui
vous êtes... Arsène Lupin, le malfaiteur, le
cambrioleur... Arsène Lupin ! »

Elle ouvrit la porte et tenta de se sauver,
tout en vociférant comme une démente. Il lui
mit la main sur la bouche et, de force, la fit
rentrer dans la pièce. Il y eut une lutte achar-
née. Elle se défendait sauvagement. Il dut la
saisir à deux bras, afin de la renverser sur un
fauteuil et de la tenir immobile. Mais, quand
il la sentit contre lui, toute palpitante, vaincue,
mais secouée d'indignation et de haine, il eut
un moment de vertige et fit un effort comme
pour l'embrasser.

Tout de suite, il se redressa, furieux de ce
geste stupide. Alors, elle éclata de rire dans un
accès de rage qui la bouleversait.

« Ah ! vous aussi ! Vous comme les autres !
Une femme... On se débarrasse d'elle, en l'em-
poignant... comme une fille... Parbleu, un
Lupin, ça se croit tout permis !... Toutes les
femmes lui appartiennent... Ah ! cabotin, si
vous m'aviez seulement effleuré la bouche, je
vous tuais comme un chien. »

Raoul était exaspéré.

« Assez de bêtises ! Vous n'êtes pas venue

pour me dénoncer, ni me tuer, n'est-ce pas ?
Parlez, crebleu ! Que voulez-vous ? Mais parlez
donc ! »

Il lui reprit les deux bras et, la maintenant
face à lui, il articula, d'une voix toute frémissante :

« Je ne suis pour rien dans cette affaire...
Ce n'est pas moi qui ai frappé Simon Lorient...
Je vous jure que ce n'est pas moi... Alors,
parlez... Que voulez-vous ?

— Le salut de Simon, murmura-t-elle, domi-
née.

— D'accord. Dès qu'il ira mieux, je le ferai
disparaître. Ne craignez rien. Il n'ira pas en
prison. »

Elle tressaillit.

« En prison, lui ! Mais il n'a rien fait pour
aller en prison ! C'est un honnête homme, lui.
Non, son salut, c'est par moi seule qu'il peut
l'avoir. Moi seule peux le sauver, en le soignant.

— Alors ?

— Alors, je veux être reçue dans cette clinique et ne pas le quitter, le veiller jour et
nuit. J'ai été infirmière durant quatre ans.
Nulle autre que moi ne peut le soigner. Mais il
faut que ce soit dès aujourd'hui... tout de
suite. »

Il haussa les épaules.

« Pourquoi ne pas m'avoir dit cela dès le

début, au lieu de perdre votre temps à m'accuser sans motif ?...

— Donc, c'est convenu ? dit-elle âprement.

— Oui.

— Tout de suite, n'est-ce pas ? »

Il réfléchit et promit :

« Oui, je verrai le directeur de la clinique. Il ne refusera pas. Je m'arrangerai même pour qu'il ne puisse pas refuser et je lui demanderai le secret. Seulement, il faut me laisser agir à ma guise. Quel est votre nom ?

— Faustine... Faustine Cortina.

— Vous en donnerez un autre à la clinique, et vous ne soufflerez pas un mot de vos relations avec Simon Lorient. »

Elle se défiait encore.

« Et si vous nous trahissez ?

— Filez », ait-il, impatienté, en la poussant vers le petit jardin.

L'enclos communiquait avec le garage et le chauffeur n'était pas là. Raoul ouvrit la portière d'un cabriolet et ordonna :

« Enlevez votre foulard rouge, pour qu'on ne vous remarque pas. Et montez. »

Elle monta.

Il sortit par une autre issue de la propriété et se dirigea vers la Seine, qu'il traversa au Pecq. Vivement, l'auto escalada la côte.

« Où allons-nous ? dit-elle. Si c'est un piège, tant pis pour vous ! »

Il ne répondit pas.

A Saint-Germain, il s'arrêta devant un grand magasin de confection et acheta une blouse et un voile d'infirmière.

Une heure plus tard, elle entrait comme infirmière à la clinique et on la chargea spécialement du blessé. Simon Lorient, dévoré par la fièvre, épuisé par sa blessure, ne la reconnut pas.

Très pâle, le visage contracté, maîtresse d'elle-même néanmoins, rigide dans son costume d'infirmière, elle écouta les instructions qu'on lui donnait et chuchota :

« Je te sauverai, mon chéri... je te sauverai... »

En sortant de la clinique, Raoul rencontra Rolande Gaverel qui venait d'apporter dans la chambre de Jérôme Helmas des fleurs recueillies par elle sur la tombe de la morte. L'état de santé de Jérôme s'améliorait. Il avait pleuré avec la jeune fille. La fièvre était tombée. On devait l'interroger le lendemain.

Elle fit route avec Raoul qui demanda :

« Vous avez réfléchi ?...

— Je ne pense qu'à cela. C'est la volonté de savoir qui me soutient.

— Et jusqu'ici ?

— Jusqu'ici, rien. Je cherche dans mes souvenirs. Je cherche dans les souvenirs d'Elisabeth. Rien. »

Arrivée aux *Clématites*, elle lui montra le journal de sa sœur. Depuis des mois, ce n'était que la pénétration douce et lente et radieuse de l'amour, qui se mêlait parfois à la mélancolie d'une malade, pour s'épanouir en une joie de convalescente et de fiancée heureuse.

« Lisez la dernière page, dit Rolande. Comme elle était tranquille et insouciante ! Entre eux et leur bonheur prochain, il n'y avait aucun obstacle. »

Dehors, M. Rousselain achevait une dernière enquête sur place. Il fit signe à Raoul qui s'approcha :

« Ça va mal pour le jeune Félicien.

— En quoi donc, monsieur le juge d'instruction ?

— Les charges se précisent. Voici la dernière qui m'a été fournie par le domestique Edouard, et par votre jardinier, qui se sont liés ici. Il y a quinze jours, en fin d'après-midi, Edouard est venu bavarder avec son ami. Ils causaient près de la haie qui sépare votre jardin d'un bout de terrain réservé aux jardiniers. Or, dans la conversation, il fut question de l'oncle de ces demoiselles, et le domestique Edouard eut le tort de potiner sur M. Philippe Gaverel.

« — Un type qui amasse, qui amasse !...

« dit-il. Un avare, quoi ! Il a eu, dans le temps,
« des histoires avec le fisc. Alors, depuis cette
« époque, je sais qu'il cache des billets chez
« lui... Ça lui jouera un mauvais tour. »

« Or, un moment plus tard, ils virent une
petite flamme à travers la haie, puis ils senti-
rent une odeur de tabac. C'étaient des gens qui
allumaient leur cigarette, assis de l'autre côté...
Félicien Charles et Simon Lorient. Ils avaient
tout entendu. »

Raoul demanda :

« Comment le savez-vous ?

— Je viens d'en parler à Félicien Charles,
qui n'a pas nié.

— Et vous en concluez ?

— Oh ! les conclusions d'un juge d'instruction ne sont pas si rapides. Avant de conclure,
il y a des étapes. Tout au plus aurait-on le
droit d'envisager que l'idée d'un coup à faire
a pu germer dans le cerveau de l'un d'eux, et
qu'ils ont fait exécuter le coup par le vieux
Barthélemy, complice subalterne, et coutumier
de ces besognes-là...

— Après quoi ?

— Après quoi, au cours de la nuit suivante,
le sac de toile grise ayant été volé, puis perdu,
puis retrouvé dans le jardin par l'un d'eux, les
deux amis se le disputent, le poignard en main.

— Et le rôle de Jérôme Helmas dans tout
cela ?

— Rôle de passant qui gêne l'un des deux acteurs du drame et dont on se débarrasse. »

Le surlendemain, Raoul apprit que Simon Lorient était au plus mal. Il courut à la clinique.

M. Rousselain se trouvait déjà là, ainsi que l'inspecteur Goussot. Un peu à l'écart, Faustine leur tournait le dos. Raoul aperçut son visage qui était dur et sans espérance.

Simon Lorient râlait. Un moment, il s'assit sur son lit et il promena sur les assistants des yeux lucides. Il vit sa maîtresse et lui sourit.

Cependant, le brouillard de l'agonie l'envahissait de nouveau, et, tout doucement, comme un enfant qui gémit, il délira.

On entendit ces mots : « La cachette... le vieux a trouvé le sac... Et puis après... J'ai cherché... et je ne sais plus... Félicien... »

Il répéta plusieurs fois : « Félicien... Félicien... Un coup joliment bien combiné... Félicien... »

Puis il retomba sur l'oreiller, inerte.

Un long silence. Raoul rencontra le regard haineux de Faustine. L'homme qui avait tué son amant, n'était-ce pas celui dont le nom venait d'être prononcé par la voix sincère d'un moribond ?

M. Rousselain, suivi de l'inspecteur Goussot, entraîna dehors Raoul d'Averny et lui dit :

« Je regrette, monsieur d'Averny, Félicien Charles était votre hôte. Vous le protégiez. Mais, en vérité, les présomptions sont bien fortes... »

Il semblait hésiter, cependant. Raoul, qu'obsédait le désespoir de Faustine, songea que l'arrestation mettrait Félicien, coupable ou non, à l'abri d'un acte imbécile de vengeance, et ne protesta pas.

« Je ne saurais vous désapprouver, monsieur le juge d'instruction. Félicien doit être dans le pavillon qu'il occupe chez moi. »

L'autorité de Raoul décida M. Rousselain qui prononça :

« Vous le mènerez au dépôt, inspecteur Goussot. Qu'on le tienne à ma disposition. »

VI

LA STATUE

Le soir, après son dîner, sachant par son personnel que l'arrestation de Félicien avait été opérée discrètement et à l'insu de tout le monde, Raoul se rendit au pavillon où le jeune homme habitait jusque-là. Ce pavillon était composé simplement d'un rez-de-chaussée avec deux pièces, l'une qui servait d'atelier, et l'autre que Félicien utilisait comme chambre à coucher, et qui comprenait une salle de bain.

Il s'installa dans l'atelier, laissant la porte ouverte, ainsi que la porte de l'entrée.

La nuit approcha, légère, peu à peu plus épaisse. Au bout d'une heure, il entendit grincer la barrière du jardin, barrière qui n'était jamais fermée à clef. Un à un, avec précaution, des pas s'avancèrent vers le pavillon. On marcha ensuite sur l'herbe. Puis les pas montèrent les degrés du perron et glissèrent dans l'anti-chambre.

Raoul vint à la rencontre de Faustine. Elle parut à peine le voir et elle se laissa conduire vers une chaise où elle tomba assise.

Après un moment, elle murmura :

« Où est-il ?

— Félicien ?

— Où ?

— En prison. Vous l'ignoriez donc ? »

Elle répéta distraitement :

« En prison ?

— Oui, j'ai surpris chez vous tantôt une telle expression de haine que je me suis défié et l'ai laissé mettre en prison. J'ai bien fait, n'est-ce pas ? »

Elle dit avec accablement :

« Je ne sais pas... je ne sais pas... je cher-che... Qui a frappé Simon Lorient ?... Ah ! si je savais !

— Vous connaissez Félicien ?

— Non.

— Cependant, pourquoi êtes-vous venue ici ?

— Pour l'interroger. J'aurais bien vu si c'était lui... »

Elle parlait si bas et avec tant de lassitude que Raoul avait du mal à l'entendre. Il reprit :

« Vous êtes sûrement au courant de cer-taines choses... A propos de Barthélemy, par exemple, que la police n'arrive pas à identifier ? Et Simon Lorient ?... on a cherché vainement son domicile. On a suivi sa piste dans certains milieux de Montmartre, dans des cafés de rapins qui le connaissaient. Mais où couchait-il ? Où sont ses papiers ? Et puis quelles relations avait-il avec Félicien ? Et pourquoi suis-je mêlé à l'affaire ? Vous avez entendu les dernières paroles de Simon... Dans un délire d'agonisant, il s'est accusé lui-même : « La cachette... le vieux a trouvé le sac... j'ai « cherché... » Par conséquent, ils étaient complices... N'est-ce pas ? ils étaient complices... et Félicien aussi. »

Elle secoua la tête, ayant l'air de dire que Simon n'était pas un voleur, et qu'il ne lui avait jamais parlé de tout cela. Raoul, perdant patience, s'écria :

« Enfin, quoi ! Simon Lorient me poursuivait. Il rôdait autour de moi ! Répondez donc, Faustine. »

Mais il se heurtait à un silence implacable. Faustine pleurait. Ses joues ruisselaient de larmes désespérées, et elle redit sa peine en se tordant les mains.

« Je n'ai jamais aimé que lui... Et il est mort... je ne le verrai plus... il est mort. Qui l'a frappé ? Comment vivre si je ne le venge pas ? Il faut que je le venge... Je l'ai juré... »

Elle passa toute la nuit à pleurer, avec des

serments de vengeance qui réveillaient Raoul,
assis non loin d'elle.

Le matin, les cloches de l'église sonnèrent.
C'était la messe des morts.

« On sonne pour lui, dit-elle. Hier, on était
convenu de cette heure-là, à la clinique... Je
serai seule à prier. Et je lui demanderai pardon de ne pas l'avoir vengé encore. »

Elle s'en alla. Le rythme de sa démarche
était harmonieux et puissant. Les jambes
étaient longues, la taille onduleuse.

A cette époque, Raoul était arrivé à un
stade de sa vie mouvementée, où, parfois,
l'idée de repos se présentait à lui comme une
perspective agréable. Non pas un repos défi-
nitif. Il était trop jeune encore, et trop avide
d'action pour renoncer à sa grande passion
d'aventures. Mais, tout au moins, à travers la
France, sur la Côte d'Azur ou en Normandie,
en Savoie ou aux environs de Paris, se prépa-
rait-il des oasis où il trouverait à portée de sa
main ce repos éventuel. Une de ces oasis était
sa propriété du Vésinet. Il y avait installé,
comme dans ses autres domaines, d'anciens
camarades à lui, un domestique-chauffeur, une
cuisinière et des jardiniers-concierges, à qui il
offrait ainsi une paisible retraite en souvenir
des services passés. Et voilà que, tout à coup,
le destin le jetait une fois de plus dans une

lutte redoutable qu'il n'avait ni recherchée ni désirée.

Renoncer ? Il ne le pouvait plus. Bon gré, mal gré, il fallait agir. Et avant tout, il fallait — point essentiel du problème — découvrir comment, lui, personnage innocent, citoyen pacifique du paisible Vésinet, il était mêlé à des événements qui semblaient s'être combinés en dehors de lui, et peut-être même contre lui. En pareil cas, le hasard n'explique rien. L'explication doit sortir des faits. Mais où les trouver, ces faits ? Et comment les susciter ?

Raoul s'enferma dans *Le Clair-Logis*, et n'en bougea plus d'une semaine, ne voyant personne, se refusant à toute activité, mais lisant tous les journaux. Il y apprit que Félicien était définitivement inculpé, mais ne recueillit aucune autre indication.

Le problème qui se posait de plus en plus dans l'esprit de Raoul, c'était de savoir comment il se trouvait mêlé à cette horripilante affaire. Il s'acharnait à le résoudre, bâtissait des hypothèses, se frayait des routes ardues dans tous les sens, et aboutissait inévitablement à des obstacles et à des impasses.

Et toujours la même question revenait sous différentes formes :

« Qu'est-ce que je viens faire dans tout cela ? S'il y a deux drames qui se sont accrochés l'un à l'autre — et cela est hors de doute — pourquoi suis-je acteur dans l'un des deux ? Pourquoi ma retraite du Vésinet a-t-elle été troublée ? Et qui donc l'a troublée ? »

Le jour où le hasard voulut qu'il formulât la question sous cette dernière forme, il fut bien obligé de se répondre à lui-même :

« Qui ? mais Félicien, parbleu ! »

Et il ajouta :

« Comment est-il venu ici ? La recommandation du docteur Delattre avait tellement d'importance à mes yeux que je n'ai pris aucun renseignement sur lui ! D'où sort-il ? Qui étaient ses parents ? N'ai-je pas eu la main forcée à mon insu ? »

Il consulta son carnet d'adresses : « Docteur Delattre, square de l'Alboni. » Il téléphona. Le docteur était chez lui. Raoul sauta dans son auto.

Le docteur Delattre, un grand vieillard sec, à barbe blanche, le reçut sur-le-champ, malgré la foule des clients qui attendaient.

« Toujours en bonne santé ?

— Excellente, docteur.

— Alors, il s'agit ?

— D'un renseignement. Qu'est-ce que c'est que Félicien Charles ?

— Félicien Charles ?

— Vous ne lisez donc pas les journaux, docteur ?

— Pas le temps.

— Félicien est le jeune architecte que vous m'avez recommandé, il y a six ou huit mois.

— En effet, en effet... je me souviens...

— Vous aviez bonne opinion de lui ?

— Moi ? Mais je ne l'ai jamais vu.

— Cependant, il vous avait été recommandé, à vous aussi ?

— Sans doute... Mais par qui ? Voyons, laissez-moi réfléchir... Ah ! voilà, je me rappelle... Tiens, c'est même assez drôle. Eh bien, j'avais, à cette époque, un domestique dont j'étais fort content... un homme d'un certain âge, intelligent, discret, qui me servait aussi un peu de secrétaire. Le jour où j'ai reçu votre dernière carte et que je lui ai dit d'inscrire votre adresse, il examina curieusement cette carte, comme s'il en connaissait l'écriture, et il déclara — et je m'en souviens parfaitement :

« C'est un monsieur très chic, ce M. d'Averny. Monsieur le docteur devrait lui recommander ce jeune architecte dont j'ai servi les parents autrefois... et dont j'ai parlé à monsieur le docteur.

« Il tapa lui-même à la machine une lettre et me la fit signer. Voilà toute l'histoire. »

Raoul demanda :

« Vous ne l'avez plus, ce domestique ? »

Le docteur se mit à rire.

« Je me suis aperçu qu'il m'avait dérobé une assez jolie somme et j'ai dû le renvoyer. Or, jamais je n'ai vu un tel désespoir : « Je « vous en prie, docteur. Ne me jetez pas dans « la rue... J'étais redevenu un honnête homme « ici... J'ai peur de vous quitter... Ne me chas- « sez pas. La mauvaise existence va recommen- « cer. »

— Son nom, docteur ?

— Barthélemy. »

Raoul ne sourcilla pas. Il s'attendait à ce nom.

« Ledit Barthélemy n'avait pas de famille ?

— Deux fils, deux chenapans, m'a-t-il avoué ce jour-là en pleurnichant. L'un surtout, qui traîne sur les champs de courses et dans les bars de Grenelle.

— Ses fils venaient le voir ici ?

— Jamais.

— Personne ne venait le voir ?

— Si, plusieurs fois, je l'ai surpris s'entre- tenant avec une femme, une femme de classe moyenne... mais affinée et royalement belle. Et, un jour, il y a dix-huit mois, elle est venue me chercher, à moitié folle, et m'a conduit auprès d'un blessé, tout près d'ici.

— Vous pouvez me dire, docteur ?...

— Il n'y a aucune indiscrétion, car on en a parlé dans les journaux. Il s'agit d'Alvard,

le célèbre sculpteur, vous savez, celui qui a
exposé au Salon, l'an dernier, cette merveilleuse Phryné ? Mais, dites donc, ajouta le
docteur en riant, j'espère que votre enquête
ne cache aucun dessein ténébreux ? »

Raoul s'en alla, tout songeur. Enfin, il tenait
une extrémité du fil et déjà pouvait supposer
l'accord entre le vieux Barthélemy, la Corse et
Félicien, accord qui avait conduit Félicien au
Vésinet.

S'étant informé, il se rendit chez le sculpteur Alvard, qui habitait à cinq minutes de
distance, et lui fit passer sa carte.

Il trouva dans son vaste atelier un homme
jeune encore, délicat d'aspect, avec de beaux
yeux noirs, et auquel il se présenta, comme
un amateur, venu en France pour acheter des
œuvres d'art.

Il examina et apprécia, en véritable connais-
seur, les ébauches, bustes, torses, silhouettes
inachevées qui encombraient l'atelier et il ne
cessait, en même temps, d'observer le sculpteur. Quelles relations avait eues avec la Corse
cet homme un peu efféminé, mais élégant et
fin ? L'avait-elle aimé ?

Il fit l'acquisition de deux petites figurines
en jade, charmantes. Puis, montrant sur son
socle une grande statue que l'on devinait
sous la toile blanche qui l'enveloppait :

« Et ceci ?

— Et ceci n'est pas à vendre, déclara le sculpteur.

— Est-ce votre fameuse Phryné ?

— Oui.

— Je puis la voir ? »

Alvard découvrit la statue, et à la seconde même où elle apparut, Raoul eut une exclamation que le sculpteur ne put interpréter que comme un cri d'extase, mais où il y avait plus encore de l'étonnement, presque de la stupeur. A n'en pas douter, cette femme représentait Faustine Cortina. C'était l'expression et la forme de son visage, et c'étaient les lignes mêmes que laissaient pressentir ses souples vêtements.

Il resta longtemps sans rien dire, ébloui par cette vision magnifique. Et il soupira :

« Hélas ! Il n'y a pas de femme comme celle-ci.

— Il y a celle-ci, dit Alvard en souriant.

— Oui, mais interprétée par le grand artiste que vous êtes. En réalité, depuis les déesses de l'Olympe et les courtisanes grecques, cette perfection n'existe plus.

— Elle existe. Je n'ai pas eu à interpréter, mais à copier.

— Quoi ! un modèle, cette femme ?

— Un modèle, tout simplement, qui se faisait payer ses séances. Un jour, elle est venue me voir, et m'a dit qu'elle avait déjà

posé pour deux de mes confrères, mais que son
amant était affreusement jaloux et que, si je
consentais, elle viendrait en cachette parce
qu'elle l'adorait et ne voulait pas le faire
souffrir.

— Pourquoi posait-elle ?

— Besoin d'argent.

— Et il n'a jamais rien su ?

— Il l'a surveillée, et, un jour, comme elle
se rhabillait, il a forcé la porte de mon atelier,
et m'a frappé. Elle a été chercher un docteur
dans le voisinage. La blessure n'était pas
grave.

— Vous l'avez revue, elle ?

— Ces jours-ci seulement. Elle est en deuil
de son amant et elle m'a emprunté de l'argent
pour lui donner une sépulture convenable.

— Elle va poser de nouveau ?

— Pour la tête, à l'occasion. Autrement, non.
Elle l'a juré.

— Comment vivra-t-elle ?

— Je ne sais pas. Ce n'est pas une femme
à s'avilir. »

Raoul regarda longuement encore la belle
Phryné et murmura :

« Alors, à aucun prix vous ne voudriez la
céder ?

— A aucun prix. C'est l'œuvre de ma vie.
Je ne ferai jamais rien avec un tel élan et
une telle foi dans la beauté de la femme.

— Dans la beauté d'une femme que vous avez aimée, dit Raoul en plaisantant.

— Que j'ai désirée, je puis l'avouer, puisque ce fut en vain. Elle aimait. Mais je ne regrette pas... Phryné me reste. »

VII

LE ZANZI-BAR

L'ENSEIGNE portait, il y a quelques années, ces deux mots : *Au Vieux Mastroquet,* que l'on devine encore, par endroits, sous la couche de peinture où s'étale aujourd'hui la formule plus moderne : *Le Zanzi-Bar.* Mais c'est toujours la même impasse désolée du Grenelle populaire, en plein centre d'usines, et tout près de cette noble Seine qui vient de traverser un des plus majestueux paysages parisiens, de Notre-Dame au Champ-de-Mars.

Le Zanzi-Bar est fréquenté par tous ceux qui, dans le quartier, vivent des courses ou s'y endettent, parieurs habitués des pelouses, bookmakers inavoués, marchands de pronostics.

A midi, heure de sortie des usines, cela bat son plein, de même qu'à cinq heures, pour le règlement des comptes.

Le soir, c'est un tripot clandestin. On s'y bat quelquefois. On s'y enivre souvent. Et c'est alors, à ce moment, que Thomas Le Bouc — abréviation française de « Le Bookmaker » — prenait toute son importance. Thomas Le Bouc jouait sec et gagnait toujours. Il buvait sec aussi, mais s'enivrait difficilement. Figure bonasse à expression cruelle, tête froide, l'aspect puissant, le gousset bien garni, vêtu en monsieur, coiffé d'un chapeau melon qu'il ne quittait jamais, il passait pour un homme « qui connaissait son affaire ». Quelle affaire ? On ne précisait pas. Mais ce soir-là, on le vit à l'œuvre et la considération qu'il inspirait en fut grandement accrue.

C'est vers onze heures que vint échouer à une table du tripot un individu blafard, aux jambes molles, qui semblait, lui, mal supporter de récentes libations. Son pardessus, si usé et sali qu'il fût, offrait le souvenir d'une coupe excellente. Un faux col crasseux, mais tout de même un faux col ! Des mains propres, un menton rasé de près. En somme, un type déclassé.

Il commanda :

« Kummel ! »

Défiant, le patron exigea :

« On paie d'avance. »

L'individu sortit d'un carnet où se voyaient des billets de banque, une coupure de dix francs.

Thomas Le Bouc n'hésita pas. Il lui proposa :

« On joue la différence au poker d'as ? »

Et, aussitôt, il se présenta :

« Thomas Le Bouc. »

L'autre répondit, par la même politesse, et avec un peu d'accent anglais :

« Le « Gentleman », mais je ne joue pas aux dés.

— A quoi ?

— A l'écarté. »

Le résultat fut, pour l'écarté, identique à ce qu'il aurait été pour le poker d'as.

Le Gentleman demanda sa revanche. Après diverses alternatives, il perdit deux cents francs.

Entre-temps, il avait payé et avalé son second kummel. Fut-ce le kummel ou sa malchance ? Il pleurnicha. Puis il déguerpit, en zigzag.

On applaudit l'exploit de Thomas, mais non sans quelque malaise. Le Gentleman déchu était sympathique. Il avait de la branche.

Il revint le lendemain, perdit encore deux cents francs, pleura et s'en alla.

Quand il arriva, le surlendemain, il était dans un tel état d'ébriété qu'il dut renoncer

à tenir ses cartes. Et l'on vit bien que ce
n'étaient pas les pièces d'argent qui l'acca-
blaient, mais les verres de kummel, car il
larmoyait de nouveau, tout en bégayant des
choses indistinctes, mais dont quelques mots
cependant parurent si étranges à Thomas Le
Bouc que celui-ci lui versa coup sur coup trois
kummels et en absorba tout autant, bien qu'il
ne tolérât pas cette liqueur quand elle s'ajou-
tait à d'autres alcools.

Ils partirent en titubant et s'assirent sur un
banc du boulevard Emile-Zola où ils dormirent
tous les deux.

Réveillés, ils s'entretinrent avec moins d'in-
cohérence, et Thomas Le Bouc, plus lucide et
qu'animait une idée plus claire, entoura de
son bras le cou de son compagnon, et se fit
affectueux.

« Ça va tout à fait bien, hein, camarade ?
Aussi tu bois trop, et ça t'amène à lâcher
des histoires à te faire fiche en prison.

— Moi, en prison ! protesta difficilement le
Gentleman.

— Mais oui ! Qu'est-ce que cette affaire du
Vésinet dont tu rabâchais dans le caboulot ?

— Le Vésinet ?

— Evidemment, Le Vésinet. C'est une affaire
de police. Les journaux bavardent là-dessus.
Tu y as chapardé des billets ?

— T'en as du culot.

— Tu ne les as pas chapardés ?

— Non. On me les a donnés.

— Qui ?

— Un type.

— Un type du Vésinet ?

— Non.

— Enfin, quoi, tu as été au Vésinet ?

— Oui.

— Quand ?

— Avant la guerre.

— Tu nous embêtes... Ce n'est pas des billets d'avant-guerre que tu as ?

— Non. »

Il leur fallut vingt minutes de palabres et de discussions avant que le Gentleman finît par déclarer :

« Tu as raison, Le Bouc. Ça doit dater de plus tôt que ça.

— Dix ou douze jours peut-être ?

— Peut-être bien.

— Et ton type s'appelait ?

— Ah ! ça, je ne peux pas te le dire, Le Bouc.

— Tu ne peux pas ?

— Non, le type m'a défendu.

— Pourquoi te les a-t-il donnés ?

— Comme récompense.

— Comme récompense d'une chose que tu avais faite ?

— Non, d'une chose qu'il fallait faire.

— Laquelle ?

— Je ne sais plus. »

Nouvelles discussions interminables. Les
deux camarades se traînèrent sur l'avenue, et
ils entrèrent dans un autre bar où le Gentleman but encore deux kummels à condition
que Le Bouc en avalât deux. Puis ils repar-
tirent en chantant et arrivèrent ainsi sur le
quai.

Ils descendirent sur la chaussée inférieure
qui borde la Seine et où abordent les péniches. Le Gentleman s'effondra entre des tas
de sable. Thomas alla se laver le visage et
trempa dans l'eau son mouchoir dont il
mouilla la figure du Gentleman.

Celui-ci respira mieux et Thomas reprit sa
besogne, avec l'anxiété d'obtenir une réponse.
Mais il procéda d'une autre manière, essayant
tout d'abord d'éveiller les idées dans ce cerveau d'ivrogne.

« Que je t'explique... On a volé dans une
villa, au Vésinet, un petit sac de toile grise
qui avait une grosse valeur. Ce sac a été
perdu. Et on t'a donné cinq billets pour le
retrouver ?

— Non.

— Mais si, un grand garçon avec une cravate à pois...

— C'est pas ça... Il n'y avait pas de sac et
pas de cravate à pois...

— Tu mens ! Alors pourquoi t'a-t-on donné cinq cents francs ?

— On ne m'a pas donné cinq cents francs.

— Quoi alors ?

— Cinq billets de mille.

— Cinq mille francs ! »

Thomas Le Bouc était dans un état d'excitation extraordinaire. Cinq mille francs ! Et il ne pouvait saisir la vérité. Elle fuyait entre ses doigts comme de l'eau. Son ivresse augmentait, et, stupidement, ce fut lui qui se mit à pleurer et à faire des confidences, qui s'échappaient à son insu, comme des plaintes.

« Ecoute, mon vieux... Ils ont agi avec moi comme des bandits... Oui, le vieux Barthélemy et Simon... Voilà... ils me tenaient toujours en dehors de leurs coups. Ils m'ont dit seulement : « Loue une camionnette et tu nous « attendras près du pont de Chatou... Quand « le coup sera fait, on te rejoindra... » Et puis, ils se sont fait tuer. Mais tout ça, je m'en fiche. N'en parlons plus... Il y a autre chose... »

Dans l'ombre, le Gentleman se soulevait peu à peu sur une de ses mains, et avec des yeux qu'aucune ivresse ne troublait, dévisageait, aux lueurs vagues de la nuit, la face larmoyante de Thomas Le Bouc.

« Une autre chose ? Laquelle ? murmurat-il. De quelle autre chose parles-tu, Le Bouc ?

— D'un coup qu'ils ont combiné, bégaya celui-ci, un coup formidable. J'en sais beaucoup là-dessus, mais pas tout. Je sais contre qui ils l'ont combiné, mais ils ne m'ont pas dit le nom que porte le type à présent, et où il habite... Sans quoi, c'est des centaines de mille qu'on gagnerait... Des centaines de mille... Ah ! si je savais...

— Oui... chuchota le Gentleman... si on savait !... Moi, je t'aiderais bien.

— Tu m'aiderais, n'est-ce pas, pleurnichait Le Bouc.

— Parbleu, oui, je peux t'aider. Il y a des maisons pour débrouiller les affaires... des agences...

— T'en connais ?

— Si j'en connais ? C'est comme ça que j'ai reçu cinq mille francs...

— Tu m'as dit que c'était un type.

— Un type d'une agence... Il m'a dit comme ça : « Le Gentleman, il y a un monsieur qui « veut savoir ce que c'était qu'un nommé Féli- « cien qu'on vient de coffrer. Mets-toi en « chasse. Tu auras encore autant d'argent « quand tu pourras le renseigner. »

Thomas Le Bouc avait sursauté. Le nom de Félicien le secouait dans son ivresse. Il dit :

« Qu'est-ce que tu chantes ? C'est pour t'occuper du nommé Félicien ?

— Oui, celui qui est en prison. Et je dois voir le monsieur lui-même.

— Celui qui t'a fait donner les cinq mille francs ?

— Oui.

— Tu as rendez-vous ?

— Avec son chauffeur qui me conduira en auto près de lui.

— Où as-tu rendez-vous ?

— Place de la Concorde, devant la statue de Strasbourg.

— Quand ?

— Dans trois jours... Jeudi à onze heures de la matinée. Le chauffeur tiendra le *Journal* à la main... Tu vois que je pourrais t'aider. »

Thomas Le Bouc se comprimait la tête de ses deux poings, comme s'il voulait retenir ses idées, et leur donner une forme, et comprendre, et savoir. Félicien ?... Le monsieur aux cinq mille francs ?... N'était-ce pas la piste ?

Il demanda :

« Où habite-t-il, ce monsieur ? »

Le Gentleman articula :

« Paraît qu'il habite au Vésinet... Oui... Il habite au Vésinet...

— On t'a dit son nom, bien entendu ?

— Oui... les journaux en ont parlé à propos de l'affaire... c'est quelque chose comme Taverny... d'Averny... »

La voix du Gentleman semblait très lasse.
Il ne dit plus rien.

De tout son effort, Le Bouc tâchait de
réduire au silence le tumulte de son cerveau
et d'ordonner ce qui s'y déchaînait. Tout cela
était bien obscur. Mais, tout de même, comme
il ne pouvait se rendre compte des contradictions du récit qui lui était fait, il apercevait
dans les ténèbres deux ou trois points plus
fixes, plus lumineux, autour desquels ses
idées venaient tourbillonner.

Près de Le Bouc, la tête sur la poitrine, le
Gentleman sommeillait. La nuit, chaude et
lourde, s'épaississait sous un voile de gros
nuages. Des lueurs de péniches immobiles dan-
saient à la surface du fleuve. On apercevait
de l'autre côté la ligne des maisons noires, la
masse du Trocadéro et les arches des ponts.
Aucun passant sur le quai.

Doucement, Thomas Le Bouc glissa la main
entre le veston et le gilet du Gentleman et
tâta les poches. Ce n'est que dans la poche
intérieure du gilet, laquelle était fermée d'une
épingle anglaise (que de mal pour l'ouvrir !)
qu'il sentit sous ses doigts le papier plus résis-
tant des billets de banque. Il les attira. Par
malheur, il s'écorcha profondément à la pointe
de l'épingle, ce qui provoqua en lui un léger
mouvement de réaction.

Aussitôt réveillé, le Gentleman, sans avoir

conscience peut-être de ce qui lui arrivait, se replia sur lui-même. Le Bouc ne se gêna plus et ramassa tout son effort, tandis que l'adversaire se cramponnait de ses deux mains à la main qui voulait se dégager.

La résistance fut beaucoup plus vigoureuse que ne pouvait le prévoir Thomas. Les ongles s'enfonçaient dans la chair jusqu'à la déchirer. Et la victime commençait à crier au secours.

Le Bouc eut peur. Il secoua l'ennemi de toute son énergie et le traîna sur le sol. Soudain, l'autre, épuisé, lâcha prise. Mais la rage de Le Bouc ne lui permit pas de s'arrêter. Moins ivre, il se rendait compte qu'il avait fait des confidences, et sans savoir lesquelles, il était furieux. Lorsqu'il parvint à retirer sa main, ils se trouvaient tous deux agenouillés comme des lutteurs sur le bord même du fleuve. Le Bouc jeta un coup d'œil autour de lui.

Personne.

Il poussa le Gentleman, qui tomba dans le vide, et il resta quelques instants, hagard, effrayé de ce qu'il avait fait presque à son insu. Pourquoi avait-il agi ainsi ? Etait-ce pour voler le Gentleman ? ou pour l'empêcher d'aller au rendez-vous fixé par le monsieur des cinq mille francs ?

Au-dessous, cependant, il le vit qui se débattait, qui s'enfonçait, revenait à la surface, et, finalement, disparaissait.

Alors, Le Bouc s'en retourna chez lui...

Au fond de l'eau, le Gentleman nagea durant une minute, dans la direction du courant. Certain de n'être plus épié par Le Bouc, il émergea et suivit le quai, rapidement, en grand nageur qu'il était. Il atterrit un peu avant le pont de Grenelle.

Son chauffeur l'attendait, tout près de là. Il monta dans son auto, changea de vêtements et fila vers Le Vésinet.

A trois heures du matin, Raoul était couché dans son lit du *Clair-Logis*.

VIII

THOMAS LE BOUC

L'INSTRUCTION n'avançait pas. Raoul, le lendemain, rencontrait le juge d'instruction qu'il trouva de fort bonne humeur, comme toutes les fois où M. Rousselain entrevoyait la nécessité prochaine de classer une affaire qui mettait de la mauvaise volonté à se laisser résoudre.

« Remarquez bien, dit-il, que nous n'en sommes pas là. Fichtre non ! Il y a encore des points où se raccrocher, et des pistes à vérifier. Goussot, lui, est très confiant. Mais moi, je suis comme sœur Anne au sommet de sa tour. Je ne vois rien venir.

— Aucune précision sur le sieur Barthélemy ?

— Aucune. Les photographies qu'on prend

sur un cadavre, et qu'on reproduit dans les journaux, ne donnent qu'une idée très vague de l'homme qui vivait. En outre, Barthélemy ne devait fréquenter que des milieux louches où l'on n'est jamais pressé d'aider la police. Si quelqu'un a reconnu son image, il se tait, de peur de se compromettre.

— On ne discerne pas le lien entre Barthélemy et Simon Lorient ?

— Pas le moindre. D'autant que Simon Lorient portait un faux nom et qu'on ne sait pas non plus d'où il sortait, celui-là.

— Cependant, l'enquête a relevé qu'il fréquentait certains milieux et qu'on l'aurait vu dans des cafés... et même, a dit un journal, avec une femme très belle.

— Tout cela est assez vague. Quant à la femme, on n'a rien obtenu de précis. Ces gens-là, évidemment, se cachaient et changeaient souvent de personnalité.

— Et mon jeune architecte ?

— Félicien Charles ? Mystère aussi de ce côté. Pas de papiers. Pas d'état-civil. Un livret militaire en ordre, et dont le signalement est exact, mais qui répond aux questions d'usage sur la date et sur le lieu de naissance par le mot « néant ».

— Mais ses réponses, à lui ?

— Il n'en fait pas. Il garde sur son passé le silence le plus absolu.

— Et sur le présent ?

— Même attitude. « Je n'ai pas tué. Je n'ai « pas volé. » Et si je riposte : « Mais alors, « comment expliquez-vous ceci ? et cela ? » il déclare : « Ce n'est pas à moi d'expliquer. Je « nie tout. » D'autre part, on a constaté qu'il ne recevait chez vous aucune correspondance.

— Aucune, dit Raoul. Et moi aussi, j'ignore tout de sa vie et de son passé. J'avais besoin d'un architecte et d'un décorateur. Un ami, je ne sais plus lequel, m'a donné son nom et son adresse. C'était l'adresse d'une pension de famille où il était de passage. J'ai écrit. Il est venu.

— Avouez, monsieur d'Averny, qu'il y a, autour de Félicien Charles, toujours la même atmosphère de brume », conclut M. Rousselain.

Le jour suivant, Raoul frappait à la porte des *Clématites* où le domestique lui dit que mademoiselle était dans le jardin.

Il la vit, en effet. Elle cousait devant la maison, silencieuse. Non loin d'elle, Jérôme Helmas, toujours en traitement à la clinique, mais qui commençait à sortir, était étendu sur une chaise longue et lisait. Il avait beaucoup maigri. Ses yeux cernés de noir, ses joues creuses trahissaient sa fatigue.

Raoul ne resta pas longtemps. Il trouva la jeune fille fort changée, au moral peut-être plus encore qu'au physique. Elle semblait absorbée et réfractaire à tout abandon. Elle répondit à peine aux questions qu'il lui posait. Jérôme ne fut guère plus loquace. Il annonça son prochain départ, les docteurs lui ordonnant de finir l'été dans la montagne. Du reste, il n'avait plus le courage de s'attarder au Vésinet où tout ravivait sa douleur.

Ainsi, de quelque côté qu'il se retournât, d'Averny se heurtait aux mêmes obstacles. Instruction stagnante d'abord. Et puis, chez les êtres, le mutisme et la défiance. Félicien Charles, Faustine, Rolande Gaverel, Jérôme Helmas, tous se repliaient sur eux-mêmes, gardant leur secret, ou bien refusant de livrer leurs impressions et de contribuer à la découverte de la vérité.

Mais, le matin du jeudi suivant, une grosse partie devait se jouer. Thomas Le Bouc allait-il venir ? Est-ce que nul pressentiment, nulle réflexion ne l'avaient averti de la personnalité réelle du Gentleman et de la façon, somme toute équivoque, dont celui-ci avait cherché à le diriger vers *Le Clair-Logis* ? Durant ces deux jours, son esprit plus lucide n'avait-il pas éventé le piège ?

D'Averny espérait que non, et à l'heure dite, il envoya son chauffeur au lieu fixé, avec la conviction que Thomas Le Bouc, incapable de suspecter les divagations d'un ivrogne, serait fidèle au rendez-vous. Et puis, une raison plus puissante dominerait Le Bouc. Il avait tué le Gentleman. Ne serait-il pas enclin à vouloir que son crime lui rapportât autre chose que les quelques billets recueillis dans la poche de sa victime ?

De fait, il y eut un bruit de moteur que Raoul reconnut. L'auto entra dans le jardin. Raoul, qui s'était installé sur-le-champ dans son bureau, et qui avait donné ses instructions, attendit. La rencontre si vivement désirée par lui et amenée avec tant d'efforts allait se produire. Thomas Le Bouc, le seul homme qui pouvait le renseigner sur la machination ourdie contre Arsène Lupin, Thomas Le Bouc qui poursuivait l'exécution du plan qu'avaient préparé Barthélemy et Simon, Thomas Le Bouc était là.

Raoul passa son revolver de la poche de son pantalon dans la poche de son veston, bien à portée de sa main. Précaution nécessaire : le personnage était dangereux.

« Entrez », dit-il, lorsque son domestique eut frappé.

La porte s'ouvrit. Le Bouc fut introduit, mais un autre Le Bouc, d'une classe sociale plus élevée, avec un costume propre, un pli au pantalon, et, sur la tête, un chapeau qui était en bon état. Il se tenait bien droit, d'aplomb sur ses jambes, le torse carré.

Les deux hommes se regardèrent quelques secondes. Tout de suite, Raoul fut persuadé que Le Bouc ne reconnaissait pas en lui le Gentleman du Zanzi-Bar et n'établissait aucun rapprochement entre le déclassé qu'il avait jeté à l'eau et Raoul d'Averny, propriétaire du *Clair-Logis*.

Il lui dit :

« Vous êtes bien la personne que j'ai chargée, par l'intermédiaire d'une agence, de reconstituer la vie de Félicien Charles ?

— Non.

— Tiens !... Mais qui donc êtes-vous ?

— Je suis quelqu'un qui a pris la place de cette personne.

— Dans quelle intention ? »

Thomas prononça :

« Nous sommes seuls ? On ne nous dérangera pas ?

— Vous craignez donc que nous ne soyons dérangés ?

— Oui.

— Pourquoi ?

— Parce que je dois dire certaines choses qui ne doivent être entendues que d'un seul être au monde.

— Qui ?

— Arsène Lupin. »

Le Bouc éleva la voix pour formuler ces deux mots, comme s'il escomptait un effet de stupeur. Dès l'abord, il prenait position d'adversaire et l'offensive commençait. Le ton, l'attitude ne laissaient aucun doute. Lupin ne broncha pas. A cette même place, Faustine l'avait appelé de ce même nom, et Faustine était en relations avec Simon Lorient, aussi bien que Thomas Le Bouc.

Il répondit simplement :

« Si vous êtes venu pour voir Arsène Lupin, vous tombez bien. Je suis Arsène Lupin. Et vous ?

— Mon nom ne vous dirait rien. »

Thomas Le Bouc était un peu décontenancé par le calme imprévu de Raoul, et il cherchait une autre façon d'engager l'attaque.

Raoul sonna. Son chauffeur entra. Il lui dit :

« Enlevez donc à monsieur le chapeau qu'il garde sur sa tête. »

Le Bouc comprit la leçon, tendit son chapeau au domestique qui l'emporta, et, tout de suite, irrité, sarcastique, s'écria :

« Des manières de grand seigneur, hein ? En effet, Arsène Lupin... vieille noblesse !... Toujours un titre en poche. C'est pas mon genre, tout ça. Je ne suis pas un grand seigneur, et je n'ai pas de titre. Par conséquent, ayez la bonne grâce de descendre d'un degré. On sera mieux pour causer. »

Il alluma une cigarette et ricana :

« Ça vous la coupe hein ? Dame ! quand on a affaire à des marquis et à des ducs, et qu'on trouve en face de soi un bougre qui n'a pas froid aux yeux... »

Toujours impassible, Raoul répliqua :

« Quand j'ai affaire à des marquis et à des ducs, je tâche d'être aussi poli que possible. Quand j'ai affaire à un marchand de porcs, je le traite...

— Vous le traitez ?...

— A la Lupin. »

D'un geste, il lui fit sauter la cigarette des lèvres, et, brusquement :

« Allons, finis-en. Je suis pressé. Qu'est-ce que tu veux ?

— De l'argent.

— Combien ?

— Cent mille. »

Raoul joua la surprise :

« Cent mille ! Tu as donc quelque chose d'énorme à me proposer ?

— Rien.

— Alors, c'est une menace ?

— Plutôt.

— Du chantage, quoi ?

— Justement.

— C'est-à-dire que, si je ne paie pas, tu accomplis tel acte contre moi ?

— Oui.

— Et cet acte ?

— Je te dénonce. »

Raoul hocha la tête.

« Mauvais calcul. Je ne marche jamais dans ce cas-là.

— Tu marcheras.

— Non. Alors ?

— Alors, j'écris à la Préfecture. Je déclare que M. Raoul d'Averny, qui a été mêlé aux affaires et aux crimes du Vésinet, n'est autre qu'Arsène Lupin.

— Et après ?

— Après, on te coffre, Lupin.

— Et après ? tu toucheras les cent mille balles ? »

Raoul haussa les épaules.

« Idiot ! Tu ne peux avoir d'action sur moi que si je suis libre et que j'aie peur du mal que tu pourrais me faire. Trouve autre chose.

— C'est tout trouvé.

— Quoi ?

— Félicien.

— Tu as des preuves contre lui ? Il est complice du cambriolage ? complice des meurtres ? Il risque le bagne ? l'échafaud ? Qu'est-ce que tu veux que ça me fiche ?

— Si tu t'en fiches, pourquoi as-tu donné cinq mille francs pour te renseigner sur lui ?

— Ça, c'est autre chose. Mais qu'il soit en prison ou ailleurs, je m'en moque comme de

ma première chemise. Sais-tu qui l'a fait
arrêter, Félicien ? Moi. »

Dans le silence, Raoul perçut un petit rire
qui chevrotait entre les lèvres de l'homme. Il
éprouva une légère inquiétude.

« Pourquoi ris-tu ?

— Pour rien... un souvenir qui me remonte
à la mémoire.

— Quel souvenir ? »

L'inquiétude de Raoul se dissipait. Il avait
l'impression que quelque chose enfin allait
sourdre du passé et qu'il était sur le point
d'apprendre les raisons pour lesquelles il se
trouvait engagé dans cette ténébreuse histoire.

« Quel souvenir ? Parle. »

L'autre articula :

« Tu connais le docteur Delattre ?

— Oui.

— C'est lui que tes complices ont enlevé
jadis pour l'expédier en province, dans une
auberge où tu agonisais, et où il t'a opéré et
sauvé, n'est-ce pas [1] ?

— Ah ! tu es au courant de cette vieille
machine, dit Raoul assez surpris.

— Et de bien d'autres. Donc, c'est bien le
docteur Delattre qui t'a recommandé le jeune
Félicien ?

---

1. Voir *L'Aiguille creuse*.

— Oui.

— Et comme le docteur Delattre n'avait jamais entendu parler de son protégé, tu sauras que la recommandation fut inspirée et rédigée par le domestique du docteur, un nommé Barthélemy, qui, depuis, a été tué à *L'Orangerie*.

— Tu ne m'apprends rien jusqu'ici.

— Patience. Ce ne sera pas long. Mais il faut que tu comprennes exactement le mécanisme de l'affaire. Donc, c'est Barthélemy qui a fait entrer Félicien chez toi.

— D'accord avec Félicien ?

— Bien entendu.

— Et dans quelle intention, cette manigance ?

— Pour te faire casquer.

— Donc, entreprise ratée puisque Barthélemy est mort et Félicien en prison.

— Oui, mais je la reprends à mon compte. C'est là tout le secret de ma visite.

— Et c'est là où je ne vois plus clair du tout, moi. En réalité, de quoi s'agit-il ?

— Patience. Je te raconte l'histoire à l'envers, c'est-à-dire en remontant. Donc, depuis une quinzaine d'années, Barthélemy suivait de loin la vie de Félicien, tandis que celui-ci travaillait pour obtenir un diplôme d'architecte. Auparavant, il était commis d'épicerie. Auparavant, employé dans une administration.

Auparavant, garçon de garage en province. Et
nous remontons ainsi à l'époque où Barthélemy l'avait rencontré dans une ferme du
Poitou. Félicien y avait été élevé avec les
enfants de la ferme. »

Raoul s'intéressait de plus en plus à ce récit,
cherchant, non sans une certaine appréhension, à savoir où l'autre voulait en venir. Il
demanda :

« Bien entendu, Félicien n'ignore aucun de
ces détails, quoiqu'il ait refusé de les communiquer à l'instruction ?

— Probablement.

— Mais comment Barthélemy savait-il ?

— Par la fermière, dont le mari venait de
mourir et dont il devint l'ami. Et c'est elle
qui lui raconta secrètement qu'un enfant lui
avait été apporté jadis par une femme qui lui
versa une somme d'argent importante pour
les frais à venir. »

Raoul d'Averny commençait à se troubler, il
n'aurait pu dire pourquoi. Il murmura :

« En quelle année était-ce ?

— Je ne sais pas.

— Mais on le saurait par la femme ?

— Elle est morte.

— Barthélemy savait, lui !

— Il est mort.

— Mais il a parlé, puisque tu sais, toi.

— Oui, il m'en a parlé une fois.

— En ce cas, explique-toi. Cette femme ? la mère de l'enfant ?...

— Ce n'était pas sa mère.

— Ce n'était pas sa mère !

— Non, elle l'avait enlevé.

— Pourquoi ?

— Par vengeance, je crois.

— Et comment était-elle, cette femme ?

— Très belle.

— Riche ?

— Elle semblait riche. Elle voyageait en auto. Elle a dit qu'elle reviendrait. Elle n'est jamais revenue. »

L'agitation de Raoul augmentait.

Il s'écria :

« Voyons, quoi ! Elle a donné des indications ? Le nom de l'enfant ? Félicien ?

— Félicien, c'est la fermière qui l'appelait comme ça... Félicien Charles, deux prénoms qu'elle lui donnait... tantôt l'un... tantôt l'autre...

— Mais le véritable ?

— La fermière l'ignorait.

— Mais elle savait autre chose, la fermière ? s'écria Raoul.

— Peut-être... peut-être bien... mais elle n'a rien dit...

— Tu mens ! Je vois bien que tu mens. Elle savait autre chose, et elle a parlé.

— Elle ne savait rien. Mais Barthélemy,

durant sa liaison avec elle, a cherché. L'auto avait eu une panne dix kilomètres après le village, dans une ville voisine où la dame avait dû s'arrêter en attendant une pièce de rechange. Et, à l'atelier de réparations, le mécanicien avait trouvé, sous un des coussins, une lettre. La dame s'appelait la comtesse de Cagliostro. »

D'Averny sursauta :

« La comtesse de Cagliostro !

— Oui.

— Et cette lettre, qu'est-elle devenue ?

— Barthélemy l'a chipée au mécanicien.

— Tu l'as vue, toi ?

— Barthélemy me l'a lue.

— Et tu te souviens ?...

— Du texte même, non.

— De quoi, alors ?

— D'un nom.

— Lequel ?

— Celui du père de l'enfant.

— Dis-le ! dis-le sans une seconde de retard.

— Raoul. »

Raoul bondit sur l'homme et le saisit aux épaules.

« Tu mens.

— Je le jure.

— Tu mens ! Tu inventes cela. Raoul, cela ne signifie rien. Il y a cent mille Raoul en France. Raoul qui ?

— Raoul de Limésy... Presque comme toi, Raoul d'Averny. Un nom à la Lupin. »

Raoul chancela. Il s'était appelé Raoul de Limésy autrefois ! Ah ! l'horreur ! Toute une période effroyable de sa vie surgissait de l'ombre. Mais était-il possible que Félicien ?...

Il se révolta contre une pareille hypothèse et dit à voix basse :

« Des blagues ! Tu imagines n'importe quoi.

— Je ne pouvais pas imaginer le nom de Limésy.

— Qui te l'a révélé ?

— Barthélemy.

— Barthélemy était un imposteur. Je ne le connaissais pas. Il ne me connaissait pas.

— Si.

— Allons donc !

— Il a été sous tes ordres.

— Qu'est-ce que tu me chantes ?

— Un de tes anciens complices.

— Barthélemy ?

— Il ne s'appelait pas ainsi.

— Comment s'appelait-il ?

— Auguste Daileron, que Lupin avait placé comme chef des huissiers à la Présidence du conseil, lorsque Lupin était chef de la Sûreté [1]. »

1. Voir « *813* ».

IX

LE CHEF

RAOUL baissa la tête. Il se souvenait. Dans la première partie de sa vie aventureuse, cet Auguste Daileron avait été un de ses complices les plus actifs et qu'il mêlait sans défiance à beaucoup de ses entreprises les plus secrètes. Depuis l'affaire de la Présidence du conseil, il n'avait plus entendu parler de lui.

Et voilà qu'Auguste Daileron était devenu Barthélemy et qu'il avait monté toute cette machination à l'encontre de son ancien patron !

Devant l'attitude de Raoul, Thomas Le Bouc redoubla d'audace. Victorieux, il déclara :

« C'est deux cent mille, maintenant. Pas un sou de moins. »

Et, plus familier, d'un ton condescendant, il expliqua :

« Tu comprends bien, n'est-ce pas ? Tu refusais de casquer quand il s'agissait de toi. Mais quand il s'agit de ton fils, bigre, c'est autrement délicat ! Or, si tu ne me verses pas trois cent mille... (je dis trois cent mille, ça vaut bien ça), je dévoile au juge d'instruction des détails irrécusables sur le passé de Félicien et je démontre par a+b qu'il est le fils de Raoul d'Averny, c'est-à-dire, n'est-ce pas, le fils d'Arsène Lupin. Un joli coup double, hein ? D'Averny c'est Lupin, et Félicien, c'est le fils de Lupin qui, sous le nom de baron de Limésy, avait épousé mademoiselle... »

Raoul releva la tête et ordonna d'une voix impérieuse :

« Tais-toi. Je te défends de prononcer ce nom-là. »

Mais ce nom-là, Raoul le prononçait au fond de lui. Et toute l'aventure tragique ressuscitait dans son esprit, l'amour frais et charmant qu'il avait eu pour Claire d'Etigues, puis sa passion effrénée pour Joséphine Balsamo, comtesse de Cagliostro, créature impitoyable et barbare... Puis, après des luttes sauvages, son mariage avec Claire d'Etigues. Le dénouement ? Cinq ans plus tard, un enfant leur naissait, régulièrement inscrit sur les registres de l'état civil sous le nom de Jean de Limésy. Et, le surlendemain de sa naissance, la mère étant morte en couches, l'enfant disparaissait, enlevé par des émissaires de la comtesse de Cagliostro.

Etait-ce ce Jean de Limésy que la terrible créature, génie de la haine et de la vengeance, avait confié un jour à la fermière du Poitou ? Ce Jean, qu'il avait tant cherché, en souvenir de la douce Claire d'Etigues, était-ce le Félicien équivoque et ténébreux venu chez lui pour comploter contre lui ? Etait-ce son fils, son propre fils qu'il avait fait jeter en prison ?

Il insinua :

« Je croyais que la Cagliostro était morte.

— Et après ? L'enfant n'est pas mort, lui, puisque c'est Félicien.

— Tu as des preuves ?

— La justice en trouvera, ricana Le Bouc.

— Tu as des preuves ? répéta Raoul.

— Il y en a, et des plus formelles, que Barthélemy avait réunies patiemment. Tu vois cela d'ici, n'est-ce pas ? C'était le grand coup de sa vie, au bonhomme ! Ayant placé l'enfant chez toi, il te tenait entre ses griffes. Ce que je viens faire aujourd'hui pour mon compte, avec quelle âpre joie il se proposait de le faire lui-même et de venir te jeter à la face : « — Sauve-moi de la misère, ou je vous livre « à la justice, toi et ton fils... toi et *ton* « fils ! »

— Tu as des preuves ? redit Raoul pour la troisième fois.

— Barthélemy m'a montré un jour la pochette où il les avait réunies, après l'enquête qu'il a poursuivie durant des années.

— Où est-elle, cette pochette ?

— Je suppose qu'il l'a remise à une maîtresse qu'avait Simon, une Corse, avec qui il s'entendait bien.

— On peut la voir, cette femme ?

— Difficilement. Je ne l'ai pas revue depuis sa mort, à lui. Et j'ai idée que la police la cherche. »

Raoul se tut assez longtemps. Puis il sonna son domestique.

« Le déjeuner est prêt ?

— Oui, monsieur.

— Mettez un couvert de plus. »

Il poussa Le Bouc devant lui, dans la salle à manger.

« Assieds-toi. »

L'autre, décontenancé, se laissa faire. Il était persuadé que le marché était conclu, et il n'hésitait plus que sur le chiffre qu'il avait bien envie de fixer à quatre cent mille francs. Raoul d'Averny, effondré sous l'attaque imprévue, ne lésinerait pas.

Raoul mangea peu. S'il n'était pas effondré, comme le supposait son adversaire, il était fort soucieux. Le problème lui paraissait affreusement complexe, et il le retournait en tous sens avant de s'arrêter à telle solution. Double problème, d'ailleurs, et par conséquent double solution. Il y avait une solution à trouver en ce qui concernait Félicien. Et une solution plus proche, à trouver pour faire face à la très grave menace de Thomas Le Bouc. Ils passèrent dans le bureau.

Une demi-heure, encore, de silence. Le Bouc, étendu sur un fauteuil, fumait voluptueusement un gros cigare qu'il avait choisi dans une boîte de havanes. Raoul allait et venait, les mains au dos, pensif.

A la fin, Le Bouc formula :

« Tout bien pesé, je ne céderai pas à moins de cinq cent mille francs. C'est le prix raisonnable. Remarque du reste que mes précautions sont prises. Au cas où tu me jouerais un mauvais tour, la lettre de dénonciation serait jetée à la poste par un copain. Donc, rien à faire. Tu es coincé dans l'engrenage. Ne marchande pas. Cinq cent mille. Pas un sou de moins. »

Raoul ne répondit pas. Il semblait calme et beaucoup moins absorbé, comme un homme qui a pris sa décision et que rien n'en fera dévier.

Au bout de dix minutes, il consulta la pendulette de sa table. Puis il s'assit devant le téléphone, décrocha, et fit manœuvrer le disque d'appel.

Quand il eut obtenu la communication, il interrogea :

« La Préfecture de police ? Veuillez me donner le cabinet de M. Rousselain. »

Et, presque aussitôt :

« Ici, Raoul d'Averny. C'est vous, monsieur le juge d'instruction ? Très bien, je vous remercie... Oui, il y a du nouveau. J'ai chez moi, sous la main, un individu qui a participé, de façon active, aux drames du Vésinet... Non, il n'a pas encore fait d'aveux, mais sa situation est telle qu'il sera contraint d'en faire... Allô !... C'est cela même... le mieux est que vous l'envoyiez cueillir... Par l'inspecteur principal Goussot ? Très bonne idée. Oh ! ne craignez rien. Il ne m'échappera pas. Il est couché par terre, ligoté... Merci, monsieur le juge d'instruction. »

Raoul raccrocha.

Thomas Le Bouc avait écouté avec une stupeur croissante. Il était livide, méconnaissable, et il bégàya :

« Mais tu es fou ! Qu'est-ce que ça veut « dire ? Me livrer... moi ! Mais c'est te livrer « en même temps, et livrer Félicien. »

Raoul ne paraissait pas entendre. Il avait agi et il continuait d'agir comme si Thomas Le Bouc n'était pas là, et comme s'il obéissait à un plan de conduite à propos duquel Thomas Le Bouc n'avait aucun rapport. Tout cela concernait Raoul d'Averny et non pas Thomas Le Bouc.

Celui-ci, hors de lui, exhiba son revolver, l'arma et visa.

« Les fous, il n'y a qu'à les abattre », dit-il.

Mais il ne tira pas. Ce n'était point en abattant d'Averny qu'il atteindrait son but et palperait de l'argent. Et, d'ailleurs, était-il admissible que Raoul d'Averny se jetât lui-même au feu pour avoir le plaisir d'y jeter en même temps Le Bouc ? Non. Il y avait bluff, ou malentendu, ou erreur. Et, en tout état de cause, on disposait d'une bonne demi-heure pour s'expliquer.

Il alluma un second cigare, et plaisanta :

« Bien joué, Lupin. Décidément, tu n'es pas au-dessous de ta réputation et de ce que m'a raconté Barthélemy. Cré bon sang, la jolie riposte ! Mais ça ne prend pas avec moi. Voyons, réfléchis, Lupin, en admettant même que tu me livres, tu ne livres qu'un type qui a voulu faire chanter un de ses semblables, en l'occurrence Arsène Lupin. Le dindon de la farce, ce serait toi. Car enfin, tu ne me connais même pas ! Pourquoi supposes-tu que j'aie quelque chose à redouter de la police ? Moi ? Mais, je suis blanc comme neige. Pas une peccadille à me reprocher.

— Alors, lui dit Raoul, pourquoi es-tu vert ? Pourquoi louches-tu vers la pendulette ?

— Pas plus que toi, mon vieux. Je te répète que je suis un honnête homme.

— Retourne-toi, honnête homme. Prends cette clef et ouvre ce secrétaire. Bien. Tu vois un fichier sur ce rayon ? Passe-le-moi. Merci. J'ai comme ça un certain nombre de fichiers qui sont toujours au point, ou à peu près. Ta fiche est dans celui-ci. »

Raoul chercha tout en énumérant les initiales successives P.Q.R.S.T. « Nous y sommes. Tu dépends de la case T.

— La case T. ?

— Evidemment... je t'ai classé comme Thomas. »

Il saisit son fichier et lut à haute voix :

« — Thomas Le Bouc, c'est-à-dire Thomas
« le Bookmaker. Taille : 1 m 75. Tour de poi-
« trine : 95. Moustache en brosse. Front
« dégarni. Expression vulgaire, parfois bes-
« tiale. Domicile : rue Hardevoux, 24, à Gre-
« nelle, au-dessus d'une charcutière dont il est
« l'amant. Odeur préférée : lilas blanc. Dans
« sa commode, deux caleçons en soie bleu ciel,
« quatre paire de chaussettes idem. » Nous sommes d'accord, Thomas Le Bouc. »

Thomas le considérait d'un œil ahuri.

« Je continue, dit Raoul. « — Le dénommé
« Thomas Le Bouc était le frère du rapin
« Simon Lorient, et tous deux étaient les fils
« du vieux Barthélemy, le cambrioleur de
« *L'Orangerie.* »

Thomas Le Bouc se dressa.

« Qu'est-ce que ça veut dire ? En voilà des ragots !

— Des vérités, que la police confirmera dans la perquisition qu'elle ne tardera pas à faire, soit à ton domicile, soit chez ta charcutière, soit au Zanzi-Bar dont tu es assidu.

— Et après, s'écria Le Bouc qui tâchait de crâner encore, malgré son désarroi. Après ? Qu'est-ce que tu veux que ça me fasse ? T'imagines-tu qu'il y ait là de quoi me condamner ?

— Il y a de quoi te coffrer, tout au moins.

— En même temps que toi, alors !

— Non, car tout ça n'est que la partie superficielle et insignifiante du casier judiciaire que je t'ai préparé pour la justice, et que nous laisserons sur cette table jusqu'à l'arrivée de l'inspecteur principal Goussot. Mais il y a mieux.

— Quoi ? demanda Le Bouc, d'une voix mal assurée.

— Il y a ta visite secrète... Il y a certains détails... certains actes que tu as commis... et vers lesquels il me sera facile d'aiguiller la police. J'ai tous les éléments. »

Thomas Le Bouc manipulait son revolver d'une main crispée. Il reculait peu à peu vers la porte-fenêtre qui donnait sur le jardin, près du garage. Et il bredouillait :

« Des bobards !... Des trucs à la Lupin... Pas un mot de vrai. Pas une preuve. »

Raoul s'approcha de lui, et cordialement :

« Laisse donc ton browning... Et ne cherche pas à t'enfuir... On ne se querelle pas ! On cause. Et nous avons encore quinze bonnes minutes. Ecoute. C'est vrai, je n'ai pas encore eu le temps de réunir de véritables preuves. Mais ce sera un jeu pour Goussot et ses collègues d'en découvrir. Et puis, il y a quelque chose de nouveau. Hein ? Tu devines à quoi je fais allusion ? Trois jours seulement... Et ce n'est fichtre pas une peccadille ! »

Thomas Le Bouc blêmit. Le crime était trop récent pour qu'il n'en gardât pas le souvenir épouvanté. Et Raoul précisa :

« Tu ne l'as pas oublié, ce brave garçon qu'on nommait le Gentleman et que l'agence qui l'employait avait chargé d'une enquête pour moi ? Or, comment se fait-il que tu aies pris sa place pour venir ici ?

— C'est sur sa demande...

— Ce n'est pas vrai. J'ai téléphoné à l'agence. On ne l'a pas vu depuis plusieurs jours... Tiens, depuis dimanche soir... Alors, je me suis mis en chasse, et j'ai abouti au Zanzi-Bar, ton quartier général. Le dimanche, dans la nuit, vous êtes sortis ensemble, fort éméchés. Depuis, pas de nouvelles.

— Ça ne prouve pas...

— Si. Deux témoins t'ont rencontré sur le quai, en sa compagnie.

— Et après ?

— Après ? on vous a entendus le long de la Seine... Vous vous battiez... Le type a crié au secours... Ces témoins, j'ai leurs noms... »

Le Bouc ne protesta pas. Il aurait pu demander pourquoi ces invisibles témoins n'étaient pas intervenus, et n'avaient même pas signalé leur présence. Mais il ne pensait plus à rien. Il était haletant de peur.

« Alors, n'est-ce pas, reprit Raoul, qui ne le laissait pas respirer, il faudra expliquer à ces messieurs ce que tu as fait de ton compagnon, et comment il s'est noyé. Car il s'est bien noyé. On a retrouvé son cadavre hier soir... un peu plus loin... le long de l'île aux Cygnes. »

Le Bouc s'épongeait le front avec le revers de sa manche. Sans aucun doute, il évoquait la minute effrayante du crime, la vision de l'ivrogne qui dégringolait, se débattait et disparaissait dans l'eau noire. Pourtant, il essaya d'objecter :

« On ne sait rien... on n'a rien vu...

— Peut-être, mais on saura. Le Gentleman avait prévenu son patron et ses camarades de l'agence. Il leur avait dit le matin même :

« — S'il m'arrive malheur, qu'on interroge un « nommé Thomas Le Bouc. Je me défie de lui. « On le retrouvera au Zanzi-Bar de Grenelle. » Et c'est en effet là que j'ai retrouvé tes traces... »

Raoul sentit l'écrasement de son adversaire. Toute résistance était finie. Thomas Le Bouc subissait son emprise totale et définitive, et, réduit à l'impuissance, incapable de réfléchir et de comprendre où Raoul le menait par la force impérieuse de sa volonté, il était mûr pour l'acceptation irraisonnée de tout ce qu'on lui commanderait. Il n'y avait pas là seulement l'angoisse du criminel, mais surtout la déroute d'un être devant un autre être qui ordonne, devant un chef. Raoul lui mit la main sur l'épaule et le contraignit à s'asseoir. Il lui dit, avec une mansuétude cordiale :

« Tu ne te sauveras pas, n'est-ce pas ? Mes domestiques sont là, qui te guettent. Crois-moi, avec Lupin, rien à faire. Tandis que, si tu m'écoutes, tu peux t'en tirer, et dans d'excellentes conditions. Seulement, il faut m'obéir, et sans rechigner. Du courage et de la franchise. Réponds. Pas de casier judiciaire ?

— Non.

— Pas de sales histoires de vols ou d'escroqueries ?

— Aucune qui ait été connue.

— Personne ne t'a soupçonné et personne ne pourra jamais t'accuser ?

— Non.

— Pas de fiche anthropométrique au service de l'Identité ?

— Non.

— Tu le jures ?

— Je te le jure.

— En ce cas, tu es mon homme. Dans quelques minutes, Goussot et ses acolytes vont arriver. Tu te laisseras prendre. »

Le Bouc se rebiffa, terrifié, les yeux hagards :

« Tu es fou !

— Qu'est-ce que ça peut te faire d'être pris par la police, puisque tu es déjà pris par moi, ce qui est beaucoup plus grave ! Tu changes de mains, voilà tout. Et tu me rends service.

— Je te rends service ! fit Thomas Le Bouc, dont l'œil s'alluma.

— Evidemment, et un service de ce calibre-là, ça se paie, et cher ! Comment ! Mais il n'y a qu'un moyen pour moi de savoir si Félicien est mon fils, c'est de l'interroger ! Il faut que je le voie à tout prix. Et puis, quoi, s'il est mon fils, tu t'imagines que je vais le laisser en prison !

— Pas de remède à ça...

— Si. Ils n'ont que des présomptions. Rien de solide. Ton arrestation et tes aveux vont démolir tout leur système d'accusation.

— Quels aveux ?

— Que faisais-tu, durant la journée où le vieux Barthélemy cambriolait, et durant la nuit où ton frère Simon a été blessé ?

— D'accord avec eux, j'avais loué une

camionnette, et j'attendais près de Chatou au
cas où ils auraient eu besoin de moi. Vers
minuit et demi, pensant qu'ils étaient ren-
trés chez eux par d'autres routes, je suis
parti.

— Bien. L'heure de ton retour, tu peux la
prouver ?

— Oui, puisque j'ai remis la camionnette à
son garage et que j'ai causé avec le gardien
de nuit. Il était un peu plus d'une heure du
matin.

— Parfait. Eh bien, tu diras tout cela exactement à l'instruction. Tu diras que tu as
attendu près de Chatou. Mais que, avant
minuit, tu entends, *avant* minuit, inquiet, tu es
venu rôder dans Le Vésinet, du côté de *L'Orangerie*, qu'ensuite tu as suivi l'impasse qui
aboutit à l'étang, que tu as pu attirer la
barque, et que tu as été voir ce qui se passait
devant *L'Orangerie*. N'apercevant ni le vieux
Barthélemy, ni Simon, ne les ayant pas rencontrés non plus dans les avenues, tu as
rejoint ta camionnette. Un point, c'est tout. »

Thomas Le Bouc avait écouté attentivement.
Il hocha la tête.

« Très dangereux ! On m'accusera d'avoir
été complice. Réfléchis. Parler de *L'Orangerie*
et de cette balade en barque, c'est dire que
j'étais au courant de l'affaire.

« Complicité passive. Six mois de prison.

L'essentiel pour toi, c'est que tu puisses
démontrer qu'au moment où ton frère et
Jérôme Helmas ont été attaqués, tu étais, toi,
de retour à Paris.

— Oui, mais je ne m'en tirerai pas à moins
de deux ou trois ans. Et Félicien, lui, sera
élargi.

— Justement. Dès l'instant où l'instruction
ne sera plus certaine que c'était Félicien qui
a été vu dans la barque, et qu'elle pourra
croire que c'est toi qui rôdais autour de
L'Orangerie pour chercher les billets de banque, les présomptions, déjà fragiles, que l'on a
réunies contre Félicien s'effondreront. »

Après une hésitation dernière, Le Bouc
déclara :

« Soit. Seulement...

— Seulement ?...

— Tout dépend du prix. Je risque beaucoup
plus que tu ne crois.

— Aussi seras-tu payé beaucoup plus que tu
ne vaux.

— Combien ?

— Cent mille le jour où Félicien sera élargi.
Cent mille le jour de ta libération. Tu toucheras les deux sommes d'un coup. »

Les yeux de Le Bouc clignotèrent. Il balbutia :

« Deux cents... c'est un chiffre.

— C'est de quoi être honnête. Avec ça tu

pourras t'acheter une charcuterie en province
ou à l'étranger. Et puis, tu sais, un engagement
de Lupin, ça vaut la signature de la Banque
de France.

— J'ai confiance. Seulement, tout de même,
il peut y avoir des complications.

— Lesquelles ?

— Admettons qu'on réussisse à découvrir
certaines choses de mon passé et qu'on m'en-
voie au bagne ?

— Je te ferai évader.

— Impossible !

— Idiot ! Et ton père, quand il était huissier
à la Présidence et que je l'ai eu dénoncé, ne
l'ai-je pas fait évader en plein Paris, et au jour
même annoncé par moi, publiquement ?

— C'est vrai. Mais tu auras assez d'argent ?

— Enfant !

— Ça coûte cher une évasion.

— T'en fais pas.

— Des mille et des cent ! Le prix de l'évasion et l'indemnité que tu m'as promise... c'est
beaucoup. Es-tu sûr ?...

— Retourne-toi de nouveau... Glisse la main
au fond de mon secrétaire, sur la même
tablette que le fichier... Ça y est ? »

Thomas Le Bouc obéit et attira un petit sac
de toile grise.

« Qu'est-ce que c'est ?

— Le sac de toile grise, balbutia-t-il.

— Regarde... j'ai fait une entaille dans la toile... Tu vois les liasses de billets ? Ce sont les billets de l'oncle Gaverel, que le vieux Barthélemy avait dénichés dans *L'Orangerie*. »

Le Bouc vacilla et tomba assis sur une chaise.

« N... de D... ! n... de D... ! Quel bougre que ce type-là !

— Faut bien vivre, ricana Raoul, et aider les camarades dans l'embarras.

— Mais comment as-tu pu ?...

— Facile ! en arrivant le lendemain matin, j'ai pensé aussitôt que Simon Lorient avait dû retrouver le sac dans le jardin ou ailleurs, et qu'on avait peut-être essayé vainement de le lui reprendre. J'ai tout de suite couru là où il avait été blessé. Je ne me trompais pas. Le sac avait roulé dans l'herbe assez loin, et personne ne l'avait remarqué... Je n'ai pas voulu qu'il fût perdu. »

Thomas Le Bouc fut abasourdi, et il prononça, renonçant au tutoiement irrespectueux :

« Ah ! vous êtes bien le chef. »

En un geste spontané, il tendit ses deux poings.

« L'auto de la police ne va pas tarder. Ligotez-moi, chef. Vous avez raison, je suis votre homme. Où l'père a passé, le fils passera également. Mais faut-il que nous soyons bêtes pour nous être attaqués à vous !

— Il est de fait... Ton père était pourtant un brave homme, jadis... Et j'ai su d'autre part qu'il avait tenté l'impossible pour redevenir honnête.

— Oui, mais il y avait cette affaire de Félicien qui le tracassait. Simon l'a obligé à la reprendre, de même que Simon l'a obligé à tenter par surcroît, le coup de *L'Orangerie*. « — Un vol, soit, j'accepte, a-t-il dit. Un chan- « tage, soit, ça m'amuse, nous serons riches « après. Mais pas de crime, hein ? »

— Et, cependant il a tué. Il a étranglé Elisabeth Gaverel.

— Voulez-vous que je vous dise mon opinion, chef ? Eh bien, le vieux a tué sans le vouloir. Mieux que ça, il n'a couru après la fille que pour la sauver, alors qu'elle était tombée à l'eau. Oui pour la sauver... Le vieux était capable de ces emballements-là. Mais, en la sortant de l'eau, il a vu le collier de perles et il a perdu la tête.

— C'est mon avis », dit Raoul.

On entendait l'auto. Il reprit :

« Surtout, ne lâche pas le véritable nom de ton père. Cette vieille histoire de la Présidence du conseil, mêlée à l'histoire d'aujourd'hui, ramènerait l'attention sur Lupin. Et je n'y tiens pas, ma situation dans toute cette affaire est déjà assez difficile. Donc, sois prudent, ne t'écarte pas d'une ligne de la version que nous

avons adoptée. Pas un mot en dehors de cela.
Dans le doute, il n'y a pas de meilleure réponse
que le silence. Et compte sur moi, mon vieux. »

Il s'approcha de lui, et, d'un ton amical :

« Un mot encore : ne te fais pas trop de
bile à propos du Gentleman que tu as tué.

— Ah ! Et pourquoi ?

— C'était moi, le Gentleman. »

Thomas Le Bouc s'abandonna aux mains de
l'inspecteur Goussot dans une sorte d'extase.
L'escamotage du sac de toile grise, l'audace et
la perfection avec lesquelles Lupin avait joué
le rôle du Gentleman, la joie imprévue d'apprendre que lui, Thomas Le Bouc, n'avait pas
tué... tout cela le soulevait d'allégresse.
Qu'avait-il à craindre, avec un pareil protec-
teur ? Arrivé au *Clair-Logis* pour bouleverser
tout, il s'en allait en prison comme un homme
qui a remporté la plus belle victoire, et qui
s'apprête à doubler cette victoire en roulant la
justice et en rendant service à son bienfai-
teur.

« Tous mes compliments, monsieur d'Averny,
dit à Raoul l'inspecteur Goussot qui rayonnait
de plaisir. Alors, ce client-là est mêlé à notre
affaire ?

— Et comment ! c'est un frère de Simon
Lorient !

— Hein ! quoi ? son frère ! Mais par quel
prodige l'avez-vous capturé ?

— Oh ! fit Raoul modestement, je n'y ai pas grand mérite. L'imbécile s'est fait prendre lui-même.

— Que voulait-il ?

— Me faire chanter...

— A quel propos ?

— A propos de Félicien Charles. Il est venu me dire qu'il avait la preuve que Félicien, complice de son frère Simon Lorient, avait tué Simon pour lui voler le sac de toile grise. Et il m'a demandé la forte somme si je voulais que le secret fût gardé. En réponse, j'ai téléphoné à M. Rousselain. Cuisinez-le, monsieur l'inspecteur principal, et je suis persuadé que vous obtiendrez des aveux dont vous aurez le profit et la gloire. »

Sur le seuil de la porte, Thomas Le Bouc, entraîné par le policier, se retourna vers Raoul, et, affectant la colère et la rancune :

« Vous me paierez ça, mon bon monsieur !

— Entendu. Et avec les intérêts ! »

Le Bouc sortit en sifflotant.

Raoul écouta le pas des hommes qui s'éloignaient. L'auto démarra.

Contrairement à son habitude, il n'eut pas un seul de ces gestes par quoi se manifestait sa joie de triompher. Et pourtant, quel joli succès que d'envoyer Thomas Le Bouc en prison ! Mais non, il demeurait taciturne et

absorbé. Il songeait à Félicien, enfermé dans
une cellule. Etait-ce son fils ? Réussirait-il à le
délivrer ? Et qu'était-ce que ce fils équivoque,
complice sournois de Barthélemy et de Simon
Lorient ?

X

« MOI, COMTESSE DE CAGLIOSTRO, J'ORDONNE... »

PAR un dimanche de lourde chaleur, Raoul s'arrêta dans une rue de Chatou, la petite ville qui touche au Vésinet. Une maison à deux étages, située entre cette rue et un jardin potager qui longeait la Seine, offrait des chambres meublées en location. Il passa devant le café que tenait la gérante, monta au second, et suivit un couloir à demi obscur jusqu'à ce qu'il aperçût la chambre numéro 5. La clef était sur la porte. Ayant frappé, comme on ne répondait pas, il entra sans bruit.

Faustine, assise sur le pauvre lit de fer qui composait, avec une commode, deux chaises et une table, tout le mobilier de l'humble chambre mansardée, Faustine dormait.

Elle n'avait pas quitté Le Vésinet, sa volonté
implacable de vengeance la retenant dans la
région où Simon Lorient était mort. A la clinique, on l'avait gardée comme infirmière
adjointe, mais, la place étant mesurée, elle
avait pris une chambre au-dehors. Elle y venait
coucher chaque soir et s'y enfermait le
dimanche.

Ce jour-là, elle avait dû s'endormir en tra-
vaillant à son corsage, car ses épaules étaient
dénudées, son corsage reposait sur ses genoux,
et elle avait encore son dé et une aiguillée de
fil. Par-dessus les arbres du jardin, on apercevait, dans le cadre de la fenêtre, un doux paysage de fleuve.

Des quantités de journaux, tous dépliés,
s'étalaient autour d'elle, sur le lit, sur la table,
ce qui prouvait avec quelle attention elle suivait les événements de ces derniers jours. De
loin, Raoul put lire des titres : « Arrestation
du frère de Simon Lorient. Premier interrogatoire. » « Les deux frères seraient les fils
du vieux Barthélemy. »

Il contempla de nouveau Faustine. Elle lui
parut aussi belle que dans l'animation et l'élan
de la vie, plus belle peut-être, avec la pureté
de ses traits pacifiés. Et il évoquait la magnifique Phryné du sculpteur Alvard.

Cependant, un rayon de soleil se glissa par
la fenêtre, entre deux nuages. Sans la quitter

du regard, Raoul approcha doucement et attendit que le rayon parvînt sur la figure endormie, sur les yeux clos. Quand elle en fut gênée, elle souleva lentement ses paupières alourdies de longs cils.

Elle n'eut pas le temps de s'éveiller que Raoul l'avait déjà saisie aux épaules. Il l'étendit sur le lit et l'enveloppa dans les couvertures, immobilisant les bras et les jambes.

« Pas un cri ! pas un mot, mâchonna-t-il.

— Lâche ! Lâche ! » gémit-elle, exaspérée et cherchant à s'affranchir de l'étreinte.

Il lui plaqua la main sur la figure.

« Tais-toi. Je ne viens pas en ennemi. Tu n'as rien à craindre si tu m'obéis. »

Elle se débattait furieusement, tout en continuant à l'insulter, malgré la main rigide qui lui fermait la bouche. Mais, peu à peu, sa résistance faiblit et, penché sur elle, il répéta :

« Je ne viens pas en ennemi... je ne viens pas en agresseur. Mais je veux que tu m'écoutes et que tu me répondes. Sinon, tant pis pour toi. »

Il l'avait reprise aux épaules et la tenait renversée. Penché sur elle, il lui dit, à voix basse :

« J'ai vu le frère de Simon, Thomas Le Bouc. J'ai causé longtemps avec lui. Il m'a révélé ce qu'il savait de la vérité sur Félicien. Le reste, c'est à toi de me le dire. Tu me connais, Faustine, je ne céderai pas. Ou bien, tu parleras, et tout de suite, tu entends, tout de suite... ou bien... ou bien... »

Son visage descendait vers le visage farouche et terrifié. Les lèvres de Faustine se dérobèrent aux lèvres qui s'en approchaient.

« Parle, Faustine, parle », dit-il d'une voix qui s'altérait.

Elle vit, tout près des siens, les yeux implacables de Raoul. Elle eut peur.

« Laissez-moi, murmura-t-elle, vaincue.

— Tu parleras ?

— Oui.

— Maintenant ?... Sans détour et sans réserve ?

— Oui.

— Jure-le sur la tête de Simon Lorient.

— Je le jure. »

Il l'abandonna aussitôt et s'éloigna vers la fenêtre, tournant le dos à la jeune femme.

Quand elle se fut rajustée, il revint à elle, la considéra un instant, avec regret, comme une belle proie qui vous échappe, et le dialogue s'engagea, rapide et précis.

« Thomas Le Bouc prétend que Félicien est mon fils.

— Je ne connais pas Thomas Le Bouc.

— Mais, par Simon Lorient, tu connaissais son père, le vieux Barthélemy ?

— Oui.

— Il avait confiance en toi ?

— Oui.

— Que savais-tu de sa vie secrète ?

— Rien.

— Et de la vie de Simon Lorient ? de ses projets ?

— Rien.

— Pas même leur machination contre moi ?

— Non.

— Cependant, ils t'ont dit que Félicien était mon fils.

— Ils me l'ont dit.

— Sans te donner de preuves ?

— Je ne leur en ai pas demandé. Que m'importait ?

— Mais il m'importe, à moi, fit Raoul, le visage contracté. Il faut que je sache s'il est mon fils ou s'il ne l'est pas. Est-ce une comédie qu'ils jouaient, en profitant de certains renseignements recueillis par hasard ? Ou bien une vérité qu'ils essayèrent de mettre à profit en me menaçant de parler ? Je ne peux pas vivre dans une telle incertitude... Je ne le peux pas... »

Elle parut s'étonner de l'émotion contenue que son accent trahissait. Cependant, elle dit encore, et avec plus de force :

« Je ne sais rien.

— Peut-être. Mais tu peux savoir, ou du moins me mettre à même de savoir.

— Comment ?

— Thomas Le Bouc affirme que Barthélemy t'a remis une petite pochette qui contenait des documents à ce propos.

— Oui, mais...

— Mais ?...

— Un jour, après les avoir relus, ces documents, il les a brûlés, devant moi, sans en dire la raison. Il n'en a gardé qu'un seul, qu'il a glissé dans une enveloppe. Il a cacheté cette enveloppe et me l'a confiée.

— Avec des instructions ?

— Il m'a dit simplement : « Mettez ça de « côté. On verra plus tard. »

— Vous pouvez me la communiquer ? »

Elle hésita :

« Pourquoi pas ? insista-t-il. Barthélemy est mort. Simon Lorient également. Et c'est Thomas Le Bouc qui m'a tout révélé. »

Elle réfléchit longtemps, le front un peu plissé, le regard distrait. Puis, elle chercha dans un tiroir de la commode un buvard où il y avait des lettres. Parmi ces lettres, elle trouva une enveloppe qu'elle décacheta sans tergiverser et d'où elle sortit un bout de papier plié en deux.

Elle voulait s'assurer d'abord de ce que signifiaient les quelques lignes écrites sur ce papier et si elle devait les communiquer.

En lisant, elle eut un sursaut. Néanmoins,

elle passa le papier à Raoul, sans mot dire.

C'était une phrase — deux phrases plutôt — formulées comme ces ordres impérieux que quelque despote, quelque chef de bande, pourrait imposer à un subalterne. L'écriture était haute, lourde, empâtée, également appuyée partout. Comment Raoul n'eût-il pas reconnu, du premier abord, l'écriture de celle qu'il appelait jadis la créature infernale ? Et comment ne pas reconnaître la manière brutale et méprisante dont elle avait toujours donné ses ordres les plus monstrueux ?

Trois fois, il relut les lignes effroyables :

« *Faire de l'enfant un voleur, un criminel si possible. Plus tard, l'opposer à son père.* »

Et le paraphe, hautain, balafré d'une double épée.

La pâleur de Raoul frappa la jeune femme, une pâleur qui provenait d'une souffrance inexprimable, de terreurs ressuscitées, de toute l'angoisse d'un passé qui mêlait au présent la menace la plus tragique. Avec quelle curiosité, presque sympathique à ce moment, elle observait la face tourmentée et l'effort violent qu'il faisait pour se maîtriser !

« La haine... la vengeance... scanda-t-il ; tu comprends ça, toi, Faustine... Mais cette femme-là, c'était autre chose que de la haine et de la vengeance... C'était le besoin, la

volupté du mal... Quel monstre d'orgueil et de
méchanceté !... Aujourd'hui encore, tu vois son
œuvre... Cet enfant qu'on élève contre moi
pour en faire un criminel... Rien ne m'effraie
dans la vie. Mais je ne puis penser à elle sans
épouvante. Et l'idée qu'il va falloir recom-
mencer l'horrible lutte... »

Faustine se rapprocha de lui et hésita, puis
déclara sourdement :

« Le passé ne recommencera pas... La comtesse de Cagliostro est morte. »

Raoul sauta vers elle et, tout pantelant :

« Qu'est-ce que tu dis ?... Elle est morte ?...
Comment le sais-tu ?

— Elle est morte.

— Il ne suffit pas d'affirmer. Tu l'as vue ?
Tu l'as connue ?

— Oui. »

Il s'exclama :

« Tu l'as connue ! Est-ce possible ! Comme
c'est étrange ! Deux ou trois fois, je me suis
demandé si tu n'étais pas son émissaire... si
tu ne continuais pas son œuvre de destruction
contre moi. »

Elle secoua la tête.

« Non. Elle ne m'a jamais rien dit.

— Parle.

— J'étais tout enfant. Il y a quinze ans...
Des gens l'ont conduite dans mon village de
Corse et l'ont installée dans une petite mai-

son. Elle était à moitié folle, mais une folie douce, tranquille... Elle m'attirait chez elle, gentiment. Elle ne causait jamais... Elle pleurait beaucoup, des larmes qu'elle n'essuyait pas. Elle était encore belle... mais une maladie l'a rongée, très vite... et, un jour, il y a six ans... j'ai fait la veillée près de son lit de mort.

— Tu es sûre ? dit-il bouleversé d'émotion. Qui t'a révélé son nom ?

— On le savait, dans le village... Et, en outre...

— En outre ?...

— Je l'ai su par le vieux Barthélemy et par Simon Lorient, qui la cherchaient partout et qui l'ont trouvée là, un peu avant sa mort. C'est alors, durant ces quelques semaines, que nous nous sommes aimés, Simon et moi. Et il m'a emmenée à Paris...

— Pourquoi la cherchaient-ils ? »

Après un moment d'indécision, elle expliqua :

« Je vous ai dit déjà que je ne savais rien de la vie secrète de Simon et de son père... Aujourd'hui je comprends qu'ils ont accompli des choses mauvaises, mais ils me les cachaient ; cependant, peu à peu, par bribes, j'ai deviné l'histoire de Félicien... pas tout, car eux-mêmes ne savaient pas tout. »

Raoul demanda :

« Barthélemy l'a bien trouvé dans une
ferme du Poitou ?

— Oui.

— Déposé par la Cagliostro ?

— Ce n'est pas très sûr... Simon pensait
que peut-être son père avait fabriqué la lettre
trouvée par le mécanicien.

— Cependant, cet ordre que tu as là... cet
ordre écrit certainement par la Cagliostro,
d'où vient-il ?

— Simon l'ignorait.

— Mais l'ordre concernait bien l'enfant
élevé par la fermière, c'est-à-dire Félicien
Charles ?

— Là encore, il y a doute. Barthélemy n'a
rien précisé à ce sujet. Simon et lui avaient
retrouvé la piste de la Cagliostro, et c'est
ainsi qu'ils ont débarqué en Corse, inutile-
ment d'ailleurs.

— Donc, leur but ?...

— Le but de Barthélemy fut toujours, je
m'en rends compte aujourd'hui, de vous présenter un dossier prouvant que Félicien est
votre fils.

— Et par conséquent de tirer de moi de
l'argent. Mais ce plan, Félicien en fut-il complice ? Est-ce d'accord avec eux, comme le
prétend Thomas Le Bouc, qu'il a été amené
chez moi ? Est-il devenu ce que voulait la
Cagliostro ? Un escroc, un criminel ?

— Je ne sais pas, dit-elle, d'une voix sincère. Cela faisait partie de leur vie secrète, et je n'ai jamais parlé avec Félicien Charles.

— Il n'y a donc plus que lui qui puisse me renseigner, dit Raoul, et c'est lui que je dois interroger pour comprendre toute l'aventure. »

Il fit une pause et acheva :

« C'est moi qui ai fait arrêter Thomas Le Bouc, d'accord avec lui, d'ailleurs. Il embrouille l'instruction et démolit les charges accumulées contre Félicien. Si, comme je l'espère, il est libéré, il ne risque pas de se heurter à ta vengeance, Faustine ?

— Non, fit-elle avec netteté. Non, s'il n'est pas la cause de la mort de Simon ; cela domine tout pour moi. Il m'est impossible de vivre en dehors de cette idée de vengeance. Il me semble que Simon n'aura de paix dans la mort que si le crime est puni. »

L'entretien était terminé. Raoul tendit la main à Faustine, qui refusa la sienne.

« Soit, dit-il. Je sais que vous ne donnez ni votre confiance ni votre amitié, mais ne soyons pas ennemis, Faustine. Quant à moi, je vous remercie d'avoir parlé... »

Raoul, qui avait réintégré *Le Clair-Logis*, n'en sortit plus que pour de courtes promenades au Vésinet ou dans les environs immédiats. Plusieurs fois, il aperçut Jérôme Helmas qui semblait avoir renoncé à son voyage dans la montagne et qui se dirigeait vers *Les Clématites* ou qui en revenait. Il le vit même en compagnie de Rolande Gaverel. Les deux jeunes gens marchaient l'un près de l'autre, dans une avenue, silencieux.

Raoul les salua, de loin. Il n'eut pas l'impression que Rolande fût désireuse de lui parler.

Un jour, Raoul fut convoqué par le juge d'instruction, qu'il trouva fort perplexe, car Thomas Le Bouc se cantonnait dans le cercle de défense extrêmement étroit que Raoul lui avait assigné. Il ne commettait pas une erreur. Ses affirmations ne variaient point, et les habiletés de M. Rousselain ne le prenaient jamais en défaut. « J'ai fait ceci... j'ai fait cela... Pour le reste, je ne sais rien. »

« Tout se tient dans leurs déclarations, celles de Le Bouc comme celles de Félicien Charles, dit M. Rousselain avouant son embarras. Ou bien des phrases toutes faites, et toujours les mêmes, ou bien des partis pris de silence. Pas une fissure par où puisse filtrer un peu de lumière. On dirait des leçons apprises. Savez-vous l'impression que j'éprouve, monsieur d'Averny ? Eh bien, tout se passe comme si une force supérieure essayait de substituer Thomas Le Bouc à Félicien Charles. »

M. Rousselain regardait Raoul, lequel pensa :

« Pas si bête, le bonhomme ! »

Et M. Rousselain continuait :

« Est-ce bizarre, hein ! Je commence à ne plus croire que Félicien soit coupable. Mais je n'accepte pas encore l'idée que Le Bouc, qui s'accuse, ait accompli cette promenade nocturne sur l'étang. J'ai fait venir le propriétaire de la barque. Je l'ai confronté avec Félicien et avec Le Bouc. Il est moins affirmatif. Alors ? »

Il ne quittait pas Raoul des yeux. Raoul hochait la tête, ayant l'air d'approuver. A la fin, le juge prononça, déplaçant tout à coup la conversation :

« Vous êtes très prisé en haut lieu, monsieur d'Averny. Vous le saviez ?

— Bah ! fit Raoul, j'ai eu l'occasion de rendre quelques services à ces messieurs.

— Oui, on m'a dit ça... sans aucun détail, d'ailleurs.

— Un jour ou l'autre, quand vous aurez le temps, monsieur le juge, je vous les donnerai, ces détails. Ma vie n'a pas manqué d'un certain pittoresque. »

Somme toute, les événements paraissaient tourner dans le bon sens, et certains problèmes étaient élucidés. Ainsi le rôle de Faustine n'avait plus rien de mystérieux, un lien très fragile l'avait attachée jadis à la Cagliostro, et le hasard de son amour pour Simon Lorient, en la conduisant en France, l'avait mêlée à son insu, et de loin, aux combinaisons du vieux Barthélemy et de son fils. C'était simplement une amoureuse, sans autre but, désormais, que de venger l'homme qu'elle avait aimé.

D'autre part, la mort certaine de la Cagliostro réjouissait Raoul, et rien ne permettait de croire que l'ordre abominable signé par elle autrefois s'appliquât à Félicien. Dès lors, l'entreprise qui n'aurait pu réussir, à l'encontre de Raoul, que sous la direction de la Cagliostro, ne devait plus, forcément, poursuivie par des hommes de second plan comme Barthélemy et ses fils, qu'aboutir à un résultat négatif et absurde. De fait, Raoul d'Averny se trouvant tout à coup en face d'un garçon qui était peut-être son fils, ou peut-être ne l'était pas, ne possédait, maintenant que le destin avait supprimé Barthélemy et Simon Lorient, aucun moyen d'atteindre une vérité que, selon toute vraisemblance, personne au monde ne connaissait.

Ainsi s'écoulèrent trois semaines. Un matin, Raoul apprit que Félicien bénéficiait d'un non-lieu.

A onze heures, par téléphone, Félicien lui

demanda l'autorisation de venir prendre ses affaires dans la journée.

Après le déjeuner, Raoul, errant autour du grand lac, avisa Rolande et Jérôme assis sur un banc de l'île. Il faisait un beau temps de mois d'août, allégé par une brise du nord qui ne remuait même pas les branches des arbres.

Pour la première fois, Raoul vit que les deux jeunes gens causaient. Jérôme, surtout, parlait avec animation. Rolande écoutait, répondit brièvement, puis écoutait de nouveau, les yeux fixés sur des fleurs qu'elle tenait à la main.

Ils se turent. Au bout d'une minute, Jérôme, se tournant vers la jeune fille, prononça de nouveau quelques paroles. Elle hocha la tête, le regarda et sourit légèrement.

Raoul retourna au *Clair-Logis* sans trop se presser, mais avec quelque émotion à l'idée de retrouver cet inconnu qui prenait soudain tant de place dans sa vie, et vers lequel aucun élan ne le jetait. Sa sympathie pour Félicien n'avait jamais été très vive : elle l'était moins encore, maintenant que le jeune homme pouvait peut-être invoquer certains droits à sa tendresse.

En tout cas, il n'admettait pas que Félicien se bornât à reprendre ses affaires et à lui serrer la main. Non. Il voulait d'abord une explication avec lui et ensuite la reprise d'une

vie commune où il pourrait l'étudier à loisir.
Il ne s'agissait pas encore de savoir si Félicien
était son fils ou ne l'était pas, mais si Félicien
voulait se présenter à lui comme son fils. En
un mot, Félicien était-il complice de Barthélemy et de Simon Lorient ? Félicien avait-il
participé au complot ? Toutes les preuves
concordaient pour l'affirmative. La preuve formelle, seuls les actes et les paroles du jeune
homme pouvaient la lui donner.

« M. Félicien est arrivé ? demanda-t-il au
jardinier.

— Il y a un quart d'heure, monsieur.

— En bonne santé ?

— M. Félicien semblait assez agité. Il s'est
enfermé tout de suite dans le pavillon.

— Bizarre... », murmura d'Averny.

Il courut au pavillon.

La porte était verrouillée.

Inquiet, il fit le tour, secoua la fenêtre de
sa chambre, ne put l'ouvrir et prêta l'oreille.

A l'intérieur, s'élevaient des gémissements.

Il cassa une des vitres et tourna l'espagno-
lette. Puis il enjamba d'un bond, écartant les
rideaux dans son élan.

Félicien était agenouillé contre une chaise,
la tête basse, et plaquait sur son cou un mouchoir taché de sang. Par terre, près de lui,
un revolver.

« Blessé ! » s'écria Raoul.

Le jeune homme essaya de répondre, mais s'évanouit.

Raoul s'agenouilla vivement, écouta le cœur, examina la blessure, mania le revolver et se dit :

« Il a voulu se tuer. Mais son bras a tremblé et ce ne sera pas très grave. »

Tout en le soignant, il regardait le pâle visage de Félicien et la foule des questions montait à ses lèvres : « Es-tu mon fils et le fils de Claire d'Etigues ? Es-tu un voleur et un criminel, complice des deux bandits morts ? Et pourquoi as-tu voulu te tuer, malheureux ? »

Cinq minutes plus tard, les domestiques entouraient le blessé.

« Silence là-dessus, n'est-ce pas ? » ordonna Raoul.

Il écrivit quelques lignes sur une feuille de papier à lettre :

« Faustine,
« Félicien a tenté de se suicider. N'en souf-
« flez mot à personne et venez le soigner. Je
« ne veux pas de docteur. Vous direz à la
« clinique qu'on a besoin d'une garde-malade.
                                        « D'AVERNY. »

Il cacheta et envoya son chauffeur à la clinique.

Lorsque l'auto ramena Faustine, Raoul l'attendait devant la porte du pavillon.

« Vous ne vous êtes jamais rencontrés, lui et vous, jadis ?

— Non.

— Simon Lorient ne lui parlait pas de vous ?

— Non.

— Est-ce qu'il n'est pas venu à la clinique durant les quelques jours où Simon luttait contre la mort ?

— Oui. Mais il n'a pas fait attention à moi plus qu'à une autre infirmière.

— Bien. Ne lui révélez pas qui vous êtes et pas davantage qui je suis. »

Elle entra.

LE PREMIER DES DEUX DRAMES

I

FIANÇAILLES

AINSI donc, en six semaines, la situation avait
évolué peu à peu dans un sens qui la transfor-
mait entièrement. Comme Raoul d'Averny en
avait eu l'intuition dès le début, deux drames
distincts s'étaient mêlés, deux chemins
s'étaient croisés en un point d'intersection
déterminé par le seul hasard. Un jour, d'une
part, Raoul d'Averny, sur les pas de quelqu'un
qui porte des liasses de billets de banque,
débarque au Vésinet, et achète une propriété,
avec l'intention de couvrir ses frais — et son
déplacement — grâce au vol des billets. Cette
série d'actes amène au même endroit Barthélemy et son fils, lesquels, tout en préparant
leur chantage contre Raoul, se font la main

en dérobant les liasses de billets de banque cachées dans *L'Orangerie.*

D'autre part, ce même jour — et c'est là le point d'intersection, la croisée des chemins — d'autre part, un drame absolument indépendant, en voie d'exécution déjà, conduit Elisabeth Gaverel devant cette même *Orangerie*, au moment où Barthélemy a terminé sa besogne. Et, aussitôt, tout va s'entremêler, dans une complication de mystères insondables, où la justice est immobilisée comme au milieu d'une forêt de ténèbres.

« Aujourd'hui, se disait Raoul d'Averny, tout cela est clair et simple, du moins pour moi. Les deux affaires sont nettement séparées l'une de l'autre. La seconde (affaire de chantage Barthélemy) est liquidée par la mort de Barthélemy et de Simon, par la capture de Thomas Le Bouc et par la confession de Faustine. La première (affaire des sœurs Gaverel qui ne m'intéresse que par ricochet), se poursuit sans qu'aucune solution soit en vue. Reste Félicien, dont l'action mal définie paraît s'être étendue de l'une à l'autre affaire. »

Et il répéta pensivement :

« Reste Félicien ; objet même et condition essentielle d'un chantage dont les organisateurs sont supprimés... personnage trouble, inquiétant, d'apparence froide et indifférente, auquel les péripéties de l'affaire Barthélemy ont laissé tout son mystère, et que je n'ai chance de démasquer que si j'arrive à débrouiller le drame des deux sœurs. Que fait-il là-dedans ? Qui est-ce ? On ne se tue pas sans raison. Il y a donc en lui quelque chose d'assez puissant pour le bouleverser et le faire rouler jusqu'au bord de la mort ? Qui est-ce ? Qui est-ce ? Et que me veut-il ? »

Avec quel regard aigu il le scrutait, maintenant, à chacune des visites qui amenaient Raoul dans la chambre du pavillon ! Et comme il avait hâte de lui parler ! La fièvre était tombée. Faustine avait cessé tout pansement. Mais Félicien demeurait las, accablé, comme si la cause de sa redoutable tentative eût continué à le faire souffrir.

Or, un matin, Faustine, qui couchait dans l'atelier, prit Raoul à part.

« Quelqu'un est venu le voir cette nuit.

— Qui ?

— Je ne sais pas. Entendant du bruit, j'ai voulu entrer. Le verrou était mis. Ils ont chuchoté longtemps avec des intervalles de silence. Et puis, la personne est partie sans que je puisse rien surprendre.

— Alors, vous n'avez aucune donnée ?

— Aucune.

— Dommage ! »

En tout cas, Raoul put constater, les jours suivants, le résultat de cette entrevue noc-

turne : Félicien n'était plus le même. Instan-
tanément, la figure avait pris une vie nouvelle.
Il souriait. Il causait avec Faustine. Il voulait
même faire son portrait, et il projetait de se
remettre au travail.

Raoul n'hésita plus. Trois jours plus tard,
dans le pavillon où le jeune homme se reposait, il s'assit près de lui et commença :

« Je suis content de vous voir rétabli, Félicien, et j'espère que nos relations vont
reprendre ici comme auparavant. Mais pour
que ces relations soient plus cordiales, il nous
faut parler franchement. Voici : la décision de
M. Rousselain vous a mis hors de cause rela-
tivement aux faits qui se rapportent à l'instruction ouverte par lui. Mais il en est d'autres
qui se rapportent plus spécialement à vous et
à moi. »

Et il demanda, avec une douceur amicale :

« Pourquoi ne m'avez-vous pas dit, Félicien,
que vous aviez été élevé dans une ferme, par
une brave paysanne du Poitou ? »

Le jeune homme rougit et murmura :

« On n'avoue pas facilement que l'on est
un enfant trouvé...

— Mais... avant cette époque ?...

— Je n'ai aucun souvenir qui remonte au-
delà. Ma mère adoptive, qui fut ma vraie
mère, est morte sans rien me dire. Tout au
plus, elle m'a remis une somme d'argent qui

lui avait été confiée par une dame... laquelle n'était pas ma mère, paraît-il.

— Vous rappelez-vous que, dans les dernières années, un homme s'est installé à la ferme ?

— Oui... un ami... un parent, je crois...

— Comment s'appelait-il ?

— Je ne l'ai jamais su au juste, du moins, je ne m'en souviens pas.

— Il s'appelait Barthélemy », affirma Raoul.

Félicien eut un haut-le-corps.

« Barthélemy ?... le voleur ?... le meurtrier ?...

— Oui, le père de Simon Lorient. Depuis, cet homme ne vous a jamais perdu de vue. Il s'est tenu au courant de ce que vous faisiez à Paris et de toutes vos adresses. Et, en fin de compte, c'est lui qui vous a fait recommander à moi par un de mes amis. »

Félicien avait l'air stupéfait. Raoul ne le quittait pas des yeux, attentif à tous ses gestes et à toutes ses réactions, épiant les moindres signes de sincérité ou de dissimulation.

« Pourquoi ? dit le jeune homme. Quel était son but ?

— Je l'ignore. Il est certain que Barthélemy vous a fait placer près de moi avec une certaine intention et que son fils Simon est venu ici pour que vous l'aidiez dans l'exécution de certain projet dirigé contre moi. Mais quelle intention ? Quel projet ? Je n'ai pu le découvrir. Simon Lorient n'y a pas fait allusion avec vous ?

— Non... Je ne comprends rien à tout cela.

— Par conséquent, pour ce qui est de vous, votre dessein ne fut jamais que de travailler dans cette maison ?

— Qu'y ferais-je autre chose ? » demanda Félicien.

Raoul se réjouit. Félicien disait vrai. Il n'était pas complice du chantage et si, par impossible, il savait quelque chose, en tout cas il ne réclamait rien.

« Autre chose, Félicien ; Thomas Le Bouc s'accuse, n'est-ce pas ? d'être l'homme qui a été vu en barque le soir du crime et du vol. Cet aveu-là ne vous a pas étonné ?

— Pourquoi m'aurait-il étonné, dit Félicien, puisque ce n'était pas moi ? A cette heure-là je dormais. »

Mais, cette fois, l'accent n'était pas le même. Le regard fuyait, sans loyauté. Du rouge montait aux pommettes.

« Il ment, pensa Raoul, et s'il ment à ce propos, il ment sur tout le reste. »

Il arpenta la chambre en frappant du pied. La duplicité du jeune homme redevenait évidente. C'était un fourbe, un imposteur. Un jour ou l'autre il invoquerait son droit de fils, et menacerait, comme ses complices. Inca-

pable de contenir sa colère, Raoul marcha
vers la porte. Mais Félicien s'interposa et
d'une voix anxieuse :

« Vous ne me croyez pas, monsieur, dit-il.
Non... non... je le sens bien... Je suis encore
pour vous celui qui est revenu la nuit s'enquérir du sac de billets volés, et qui, peut-
être, a blessé et tué, par conséquent, son
complice Simon Lorient. Dans ces conditions,
il vaut mieux que je m'en aille.

— Non, dit Raoul brutalement. Je vous
demande au contraire de rester jusqu'à ce
qu'une vérité irréfutable soit établie entre
nous... Dans un sens ou dans l'autre.

— Cette vérité existe dans le sens indiqué
par le juge d'instruction. »

Raoul s'écria avec véhémence :

« La décision de M. Rousselain ne signifie
rien. Elle a été provoquée par les fausses
déclarations de Thomas Le Bouc que j'ai
retrouvé et que j'ai payé pour les faire. Mais
votre rôle personnel depuis le début demeure
inexplicable. Pas un instant encore, continua
Raoul, je n'ai senti en vous un de ces éclairs
de franchise ou de révolte qui illuminent le
fond d'une nature. Vos actes les plus graves,
les plus violents, vous les cachez dans l'ombre.
Tenez, votre suicide, par exemple. Vous reve-
nez ici pour me dire adieu, n'est-ce pas ? et
pour vous expliquer avec moi. Et je vous

retrouve presque à l'agonie, le revolver en main. Pourquoi ? »

Félicien ne répondit pas, ce qui exaspéra d'Averny.

« Le silence... le silence toujours... ou alors des biais, des échappatoires, comme avec le juge d'instruction. Mais répondez, sacrebleu ! Ce qui nous sépare, ce n'est pas autre chose que ce mur de silence et de réšerve que vous élevez entre nous. Fichez-moi donc tout cela par terre, si vous voulez que j'aie confiance ! Sinon, quoi ? Je cherche, je me défie, je suppose, j'imagine, quitte à me tromper et à vous accuser à tort. Est-ce cela que vous voulez ? »

Il le saisit par le bras.

« A votre âge, c'est par amour qu'on se tue. J'ai fait une enquête sur l'emploi de votre temps, le jour de votre tentative. De loin, vous avez suivi Rolande Gaverel et Jérôme Helmas qui sortaient et se dirigeaient vers le lac. Ils se sont assis sur un banc de l'île. Et vous avez vu... ce que j'ai vu, qu'il y avait entre eux une intimité que rien ne laissait prévoir. Vous avez interrogé mon jardinier sans en avoir l'air et vous avez su qu'ils se retrouvaient tous les jours. Une heure après, vous preniez votre revolver. Est-ce exact ? »

La figure crispée, Félicien écoutait.

« Je continue, dit Raoul. Rolande Gaverel, je ne sais comment, a connu votre tentative.

Affolée, elle est venue vous voir, la nuit, il y a trois jours, pour vous supplier de vivre et pour vous affirmer que vos soupçons étaient injustes. Ses explications vous ont convaincu au point que, depuis cette nuit-là, vous êtes heureux et guéri. Est-ce exact ? »

Cette fois, il semblait que le jeune homme ne pût pas et ne voulût pas se dérober à des questions si pressantes. Il hésita cependant, tout au moins sur la façon dont il répondrait. Enfin, il dit :

« Monsieur, je n'ai jamais revu Rolande Gaverel depuis le jour du drame, et la personne qui est venue chez moi l'autre nuit n'est pas elle. Mes relations d'amitié avec Rolande ne lui auraient pas permis cette démarche. Et, moins encore, la décision qu'elle a prise et qu'elle m'annonce par une lettre que son domestique vient de m'apporter. »

Cette lettre, Félicien la tendit à Raoul qui la lut avec une surprise croissante :

Félicien,

Le malheur nous a réunis, Jérôme Helmas et moi. A force de pleurer ensemble sur notre pauvre Elisabeth, nous avons senti qu'il n'y avait pas d'autre consolation pour nous que de rester fidèles, l'un près de l'autre, à son cher souvenir. J'ai l'impression profonde que

c'est elle-même qui nous rapproche et qui
nous demande de fonder un foyer à l'endroit
même où elle était si heureuse et où elle rêvait
de l'être plus encore.

Je ne sais pas l'époque de notre mariage.
Ai-je besoin de vous dire que bien des choses
me retiennent, que j'ai peur de me tromper,
et que, jusqu'au dernier moment, cette peur
me fera hésiter ? Mais alors, comment vivre ?
Je n'ai plus la force de me trouver seule en
face de moi.

Vous qui l'avez connue, Félicien, je vous
demande de venir demain aux Clématites *et*
de me dire qu'elle m'eût approuvée.

ROLANDE.

Raoul relut la lettre à mi-voix et, lentement :

« Drôle d'aventure ! ricana-t-il. Cette jeune
personne a une façon d'être fidèle au souvenir
de sa sœur ! Allez donc la voir, Félicien, et lui
donner votre appui. Les travaux, ici, ne pres-
sent pas, et vous avez même besoin de quelques jours de repos. »

Après un instant de réflexion, il se pencha
vers le jeune homme.

« Il m'est impossible, cependant, de vous
taire une idée qui m'a souvent traversé
l'esprit : celle d'une entente entre les deux
fiancés.

— Evidemment, dit Félicien étonné, évidemment, il y a entente entre eux puisqu'ils sont fiancés.

— Oui, mais cela ne remonte-t-il pas beaucoup plus haut ?

— Beaucoup plus haut ? A quelle époque ? »

Syllabe par syllabe, Raoul détacha cette phrase terrible :

« *A l'époque où Elisabeth Gaverel vivait encore.*

— Ce qui veut dire ?

— Ce qui veut dire que l'embûche criminelle tendue à Elisabeth Gaverel, deux mois avant son mariage, est bien étrange. »

Félicien eut un geste d'indignation et s'écria :

« Ah ! monsieur, votre supposition est impossible ! Je les connais tous les deux, je connais l'amour de Rolande pour sa sœur... Non, non, on n'a pas le droit de l'accuser d'une pareille infamie.

— Je n'accuse pas. Je pose une question que l'on ne peut pas ne pas se poser.

— Pourquoi ne peut-on pas ?

— A cause de cette lettre, Félicien. Il y a dans ces lignes une telle inconscience !...

— Rolande est une créature de loyauté, de noblesse.

— Rolande est une femme... une femme qui est en train d'oublier.

— Je suis sûr qu'elle n'oublie pas.

— Non, mais elle fonde son foyer dans des conditions... qui ne doivent pas lui être désagréables », plaisanta Raoul.

Félicien se leva et, gravement :

« N'en dites pas davantage, je vous en prie, monsieur. Rolande est au-dessus de tout soupçon. »

Raoul lui rendit la lettre et fit quelques pas sur la pelouse. Il avait l'impression qu'avec de la persévérance on pouvait s'insinuer dans cette nature ombrageuse et secrète, où il discernait de l'emportement et de la révolte, et il allait insister lorsqu'il entendit la barrière d'entrée qui s'ouvrait.

« Bigre ! murmura-t-il, c'est l'inspecteur principal Goussot. Qu'est-ce qu'il nous apporte, cet oiseau de mauvais augure ? »

L'inspecteur avança vers le bosquet où se tenaient les deux hommes et serra la main de Raoul qui lui dit en riant :

« Comment ! nous n'en avons pas fini avec vous, monsieur l'inspecteur ?

— Mais si, mais si, riposta Goussot, d'un ton badin qui ne lui était pas habituel. Seulement, n'est-ce pas ? quand la justice a eu maille à partir avec quelqu'un, elle garde tout de même sur lui un droit...

— De surveillance.

— Non, un droit d'attention cordiale. C'est

pourquoi, tout en poursuivant mon enquête,
je suis venu prendre des nouvelles de notre
malade.

— Félicien Charles va tout à fait bien, n'est-
ce pas, Félicien ?

— Tant mieux ! tant mieux ! dit Goussot.
Le bruit a couru dans la région qu'il y avait
eu détonation, suicide, etc. Nous avons même
reçu, à ce propos, une lettre anonyme dacty-
lographiée. Bref, des tas de blagues auxquelles
je n'ai pas cru une seconde. Un innocent dont
l'innocence est proclamée ne se tue pas.

— Certes non.

— A moins qu'il ne le soit pas, innocent,
insinua Goussot.

— C'est là une question que personne n'en-
visage, en l'occurrence.

— Si.

— Allons donc !

— Parfaitement. Ainsi j'ai su — excusez les
procédés de la police — qu'au sortir de prison,
votre jeune ami avait téléphoné...

— A moi, en effet.

— Et ensuite à Mlle Rolande Gaverel pour
solliciter la permission d'aller la voir au courant de la journée.

— Et alors ?

— Et alors, ladite demoiselle a refusé de le
voir.

— Ce qui signifie ?

— Que ladite demoiselle ne le croit pas
innocent... Sans quoi, n'est-ce pas ?... »

Raoul se moqua.

« C'est tout ce que vous avez tiré de votre
vilaine enquête, monsieur l'inspecteur ?

— Ma foi, oui.

— En ce cas... »

Il lui montra le chemin de la barrière.
Goussot pivota sur ses talons, mais faisant
face de nouveau à l'adversaire :

« Ah ! j'oubliais. On a découvert à la consigne d'une des gares de Paris, une valise qui
appartenait à Simon Lorient, et, dans la poche
d'un vêtement, j'ai trouvé la carte de visite
que voici. Vous y voyez, par-derrière, le plan
crayonné d'un étage de maison, avec une croix
à l'encre rouge. Cet étage est celui où le père
de Simon Lorient, ami de Félicien Charles, a
volé les billets de banque de M. Philippe
Gaverel.

— Et la carte est gravée au nom... ?

— De Félicien Charles. »

L'inspecteur salua Raoul et Félicien et,
désinvolte, goguenard, se retira en disant :

« Document de seconde main, et dont je ne
fais état que pour mémoire. Mais, n'est-ce
pas ? il y aura peut-être une suite... »

Raoul s'élança et le rejoignit à la barrière.

« Dites donc, inspecteur !

— Qu'y a-t-il pour votre service, monsieur d'Averny ?

— Rien. C'est pour le vôtre. Vous voyez les deux poteaux de cette barrière.

— Parbleu !

— Eh bien, je vous conseille de ne jamais plus franchir la ligne idéale qui les réunit.

— Mon mandat de policier...

— Votre mandat n'a de valeur que si vous vous conduisez en policier courtois et bien élevé, comme vos camarades, et non en argousin fielleux et rancunier. A bon entendeur, salut ! »

Raoul retourna vers Félicien, lequel, durant toute la scène, n'avait pas bronché ni prononcé une parole et lui dit :

« Vous m'aviez affirmé n'avoir pas revu Rolande.

— Elle a refusé de me voir.

— Et vous prétendez toujours que vous n'avez pas voulu vous tuer pour elle ? »

Le jeune homme ne répondit pas.

« Autre chose, continua Raoul. Cette carte de visite ?

— Simon Lorient l'aura prise ici, un jour, avant votre arrivée.

— Et ce plan de *L'Orangerie ?*

— Il l'aura dessiné lui-même. Je n'y suis pour rien.

— Et tout cela, qui montre que vous êtes

toujours suspect à la police, ne vous inquiète pas ?

— Non, monsieur. On a tout tenté contre moi, et rien trouvé. N'ayant rien fait de coupable, je ne m'inquiète pas. »

II

VISITE MYSTERIEUSE

RAOUL renonça. Aucune explication n'aboutirait avec Félicien. Aucune menace de danger n'entamerait une insouciance, peut-être apparente, mais qui avait la valeur d'une résistance inflexible. Les paroles ne lui arracheraient pas son secret.

Il fallait donc agir.

Les événements ne s'y prêtèrent pas, au début. Faustine était retournée à son service de la clinique. Félicien, qui déjeunait en même temps qu'elle au pavillon, déjeuna dorénavant à la villa des *Clématites* et y passa l'après-midi.

Au cinquième jour, Raoul, pour se rendre compte, y alla également.

La cuisinière ouvrit et lui dit :

« Je crois que mademoiselle est sur la pelouse. Si monsieur veut bien la rejoindre par la salle à manger. »

Dans le hall, deux portes se présentaient. Raoul entra dans la salle. Mais, au lieu de descendre au jardin, il jeta un coup d'œil à travers les rideaux de tulle tendus sur les portes vitrées du studio. Un spectacle imprévu l'y attendait.

Sur la gauche de la pièce, en pleine lumière, face à Félicien qui était assis devant son chevalet de peinture, Faustine posait, les épaules largement découvertes, les bras nus.

Raoul fut mordu par un sentiment d'irritation auquel il mêlait — il ne s'en défendit pas vis-à-vis de lui-même — une mauvaise humeur jalouse.

« La gueuse ! pensa-t-il, qu'est-ce qu'elle fait là ? Et que lui veut ce galopin ? »

Il la voyait bien en face, mais les yeux de la jeune femme regardaient un peu de côté, vers la large baie ouverte sur la pelouse et l'étang. Les épaules inondées de clarté étaient pleines, harmonieuses, d'une blancheur un peu dorée. Une fois de plus, et c'était là un souvenir qui le hantait souvent, il évoqua la radieuse *Phryné* du sculpteur.

Sans bruit, il entrebâilla la porte, curieux de les entendre parler et il s'avisa que les deux fiancés, Rolande et Jérôme Helmas, étaient assis sur le rebord de la fenêtre, les jambes en dehors.

Ils causaient à voix basse. De temps à autre, Félicien Charles tournait la tête vers eux.

Et Raoul eut la conviction profonde que tout le drame des *Clématites* et de *L'Orangerie*, le premier des deux drames, était là, dans le studio, et se jouait entre les quatre personnages qui s'y trouvaient. Inutile de chercher en dehors de ces quatre acteurs. Tragédie d'amour, ou de haine, ou d'ambition, ou de jalousie, tout bouillonnait en ce cadre restreint. Tous quatre semblaient calmes et attentifs à leurs occupations actuelles. Mais le passé et l'avenir, le crime et la punition, la mort et la vie, s'affrontaient comme des adversaires effrénés.

Quelle était la part de chacun dans ce conflit ? Quel rôle Félicien, qui aimait, à n'en point douter, Rolande, jouait-il entre les deux fiancés ?

Comment Faustine, l'infirmière, s'était-elle introduite dans ce milieu ? Et pour quelles raisons, Rolande, d'une classe si différente, l'y avait-elle admise ? Autant de questions insolubles.

Cependant, les deux fiancés ayant disparu dans le jardin, Raoul entra doucement, et, lorsque Faustine ramena les yeux vers le chevalet, elle le vit, au-dessus du chevalet et de Félicien.

Tout de suite, confuse et rouge, elle se couvrit d'un châle.

« Ne vous dérangez pas, Félicien, dit-il. Mais, mon Dieu, que vous avez là un beau modèle !

— Admirable, et dont je suis tout à fait indigne, avoua le jeune homme.

— Vous n'avez donc pas de prétentions ?

— Aucune, devant tant de beauté. »

Raoul ricana :

« Et vous, Faustine ? Ça vous amuse plus de poser dans cette tenue que de soigner vos malades de la clinique ?

— Il y a peu de malades en ce moment, dit-elle, et mes heures d'après-midi sont libres.

— Et vos soirées aussi, et vos nuits également. Profitez-en, Faustine. Profitez de votre jeunesse. »

Il rejoignit les deux fiancés dans le jardin et les félicita de leur mariage, tout en observant Rolande. Il la trouva moins éblouissante, certes, que Faustine, d'une beauté moins théâtrale, mais elle était plus émouvante, et, comme Faustine, offrait ce charme sensuel du visage et des formes qui trouble plus que la beauté même. Jérôme Helmas la contemplait avec une admiration passionnée.

Jérôme devant finir la journée à Paris,

Rolande et Raoul le conduisirent vers le potager de *L'Orangerie*, par où il sortirait. Ainsi
passèrent-ils devant l'emplacement des marches sinistres dont la rupture avait causé la
chute, puis la mort d'Elisabeth. Les deux
jeunes gens n'y parurent point faire attention.
Chaque jour, ils se promenaient de ce côté.
Ils s'arrêtèrent même, insouciants et flâneurs,
et regardèrent à l'autre bout de l'étang, près
de l'impasse, la barque du riverain qui se
balançait, montée par trois hommes, Goussot
et deux de ses inspecteurs, dont l'un raclait
le fond de l'eau.

« L'instruction continue, dit Jérôme. On
cherche l'arme avec laquelle nous avons été
frappés, Simon Lorient et moi. »

Rolande eut un frisson et chuchota :

« Cela ne finira donc jamais, ce cauche-
mar ? »

Jérôme prit congé d'elle. Rolande et Raoul
s'en retournèrent lentement aux *Clématites*,
et Raoul dit à sa compagne, d'un ton qui sou-
lignait sa pensée secrète :

« Est-ce que vous continuerez d'habiter
cette villa après votre mariage ? »

Elle répliqua :

« Oui, je crois... nous ferons les aménage-
ments nécessaires...

— Mais, sans doute, après un voyage ?... un
long voyage ?

— Rien n'est encore fixé... »

Il lui posa d'autres questions. Rolande, qui répondait par petites phrases vagues, coupa court à cet interrogatoire en disant :

« Quelqu'un a sonné à la porte d'entrée. Je n'attends cependant aucune visite. »

Au moment où ils atteignaient le perron, le bruit d'une dispute leur parvint, qui, tout de suite, s'enfla en querelle bruyante. Ils perçurent la voix du domestique Edouard qui s'exclamait furieusement :

« Vous n'entrerez pas ! Moi vivant, vous ne mettrez pas les pieds dans cette maison. »

Rolande traversa en courant la salle à manger. Félicien et Faustine étaient déjà dans le vestibule. Près de l'entrée, le vieux domestique essayait de barrer le passage à un monsieur âgé qui disait doucement :

« Je vous en prie, modérez-vous. Je désire parler à Mlle Rolande... Veuillez l'avertir de ma visite. »

Rolande, arrêtée sur le seuil, examina le nouveau venu et prononça :

« Je ne crois pas avoir l'honneur, monsieur... »

Sans mot dire, il lui tendit sa carte. Elle y jeta un coup d'œil et fut troublée.

Il insista comme s'il craignait une rebuffade.

« Je désire vous parler, Rolande... Cette

entrevue est indispensable... Vous ne pouvez
la refuser... dans votre intérêt même... »

Il était voûté, tout blanc de cheveux, avec
des traits fins et distingués, et d'une pâleur
excessive qui indiquait la maladie et l'épuisement.

Après une hésitation, elle ordonna au
domestique :

« Laissez-nous, Edouard... Si, laissez-nous,
je le veux. »

Edouard sortit, furieux. Alors, s'adressant
au monsieur, elle lui dit :

« Je regrette que mon fiancé ne soit pas
là. Je vous l'aurais présenté.

— Je sais en effet que vous êtes fiancée,
Rolande...

— Oui, à Jérôme Helmas.

— Je sais... Il devait épouser votre sœur,
n'est-ce pas ?

— Il devait l'épouser. »

Il reprit :

« J'ai bien connu sa mère autrefois. Il était
tout enfant. »

Mais Rolande parut se refuser à poursuivre
la conversation devant témoins, et elle lui dit :

« Montons dans mon boudoir, monsieur,
nous serons mieux pour causer. Je vous
conduis. »

Elle le conduisit. Il montait lentement, avec
effort.

Raoul n'eut besoin que d'un coup d'œil pour être persuadé que Félicien et Faustine étaient aussi intrigués que lui, et que rien, pour eux, n'expliquait cette visite.

Ils attendirent tous les trois, chacun d'eux s'occupant à sa manière, et silencieusement. Ce n'est qu'au bout de deux heures que le monsieur redescendit, soutenu par Rolande. Elle avait les yeux rouges et la figure bouleversée.

« Alors, Rolande, votre mariage... à quelle date ? »

Elle riposta nettement, comme si elle prenait une décision soudaine :

« Douze jours. Le temps de publier les bans.

— Soyez heureuse, Rolande. »

Il l'embrassa sur le front, tandis qu'elle pleurait, puis elle se dégagea doucement et le mena jusqu'à la porte.

« J'aurais pu vous accompagner ? dit-elle.

— Non, la gare n'est pas loin. Je préfère y aller seul. A bientôt, Rolande. Je serais si heureux de vous voir chez moi ! Vous me l'avez promis. Mais ne tardez pas trop, Rolande. »

Il ne se retourna point. Rolande le suivit du regard, referma la porte et rentra pensivement au studio. Sans attendre, Raoul était sorti par la salle à manger et quittait la villa des *Clématites* avec l'intention de suivre l'inconnu et de recueillir quelque renseignement.

Mais il l'aperçut aussitôt dans l'avenue, qui s'appuyait au bras d'un domestique en tenue de chauffeur. Près de la route nationale, une auto de maître stationnait. Le chauffeur l'y fit monter et ils partirent. Raoul ne put que constater que l'auto était fort poussiéreuse, comme si elle avait déjà fait, pour venir, un long trajet.

Vers sept heures, il accostait Faustine, alors qu'elle quittait la clinique.

« On ne sait rien sur ce bonhomme ? Rolande n'a rien dit ?

— Non.

— Parbleu ! fit-il, on vous en aurait parlé que vous n'en souffleriez pas un mot ! Soit, je me débrouillerai tout seul. Ce n'est pas bien difficile, en l'occurrence, et c'est encore un peu de vérité qui va s'ajouter à tout ce que j'ai découvert. Nous avançons, Faustine. »

Il lui dit, d'une voix plus âpre, agressive :

« Autre chose. Quel jeu jouez-vous aux *Clématites* ? Vous voici l'amie de la maison. A quel titre ? Qu'y a-t-il de commun entre vous quatre ? Est-ce pour tourner la tête à Félicien que vous déployez vos grâces ? Halte-là, ma petite. Sans quoi, j'escamote le jeune homme et vous en seriez pour vos frais. »

Elle ne se fâcha pas et sourit :

« Ai-je fait des frais pour vous plaire ?

— Ma foi, non !

— Et cependant, je vous plais.

— Et rudement, même ! dit-il radouci et riant à son tour. Et c'est peut-être pourquoi je perds un peu la tête... »

Le soir et le lendemain matin, Raoul effectua une enquête qui le conduisit en vingt minutes d'auto devant un asile de vieillards situé près de Garches. Sur sa demande, on fit venir dans le parloir le père Stanislas, brave homme tout branlant et cassé en deux, auquel il exposa le but de sa visite.

« Vous êtes originaire de la commune du Vésinet, et vous y avez séjourné comme domestique plus de quarante ans, dont trente années chez le même patron, qui était le père de M. Philippe Gaverel, propriétaire actuel de la villa *L'Orangerie*. Je ne me trompe pas, n'est-ce pas ? Or, la municipalité du Vésinet vous a compris dans une distribution de secours, et je suis chargé par elle de vous remettre un billet de cent francs. »

Après cinq minutes d'effusions et une heure de bavardage sur Le Vésinet, sur les habitants du Vésinet, sur les personnes qui fréquentaient *L'Orangerie*, sur les personnes qui occupaient les villas voisines de ces personnes, Raoul savait exactement ce qu'il voulait.

En particulier, il savait que le père d'Elisabeth et de Rolande, M. Alexandre Gaverel,

frère de l'oncle Philippe, s'entendait mal avec
sa femme. C'était un coureur, qui la rendait
malheureuse. C'était aussi un jaloux qui, à la
fin, avait eu sans doute quelque motif d'être
jaloux, vu l'assiduité que montrait auprès du
ménage un parent éloigné de Mme Alexandre
Gaverel.

« Bref, raconta Stanislas, il y eut des discussions, qu'on entendait du jardin de *L'Orangerie*, et, un jour — tenez, Mlle Elisabeth
venait de prendre ses trois ans — un jour,
M. Alexandre mit à la porte le cousin de
madame, même qu'ils se battaient dans le
vestibule, et que le domestique Edouard, un
copain à moi, dut donner un coup de main à
son patron. Ce qu'ils criaient ! Chez nous, à
la cuisine, on disait que le vrai père de
Mlle Elisabeth, c'était le cousin Georges
Dugrival.

— Mais le ménage Gaverel se raccommoda ?
dit Raoul.

— Tant bien que mal. Même qu'ils eurent
une fille trois ou quatre ans plus tard,
Mlle Rolande. Seulement, lui se remit à faire
la noce, même qu'il finit par mourir d'un
coup de sang, après une bombe à Paris avec
des camarades.

— Et on ne revit pas le cousin ?

— Jamais. Seulement, tous les ans, jusqu'à sa mort, Mme Alexandre Gaverel passait

l'été avec ses filles au bord de la mer, à
Cabourg. Et Cabourg, c'est à vingt kilomètres
de Caen, où habite maintenant M. Georges
Dugrival, le cousin de Mme Alexandre. Même
que chez nous, à la cuisine, on disait qu'on
l'avait rencontré plusieurs fois sur la plage
de Cabourg avec Mme Alexandre, en dehors
des deux petites, bien entendu. Et la cuisinière, à *L'Orangerie*, a dit une fois : « Vous
« verrez qu'il laissera toute sa fortune à
« Mlle Elisabeth. C'est couru d'avance. La
« chose est convenue entre lui et Mme Alexan-
« dre. Ah ! elle aura une grosse dot, Mlle Eli-
« sabeth !... »

Raoul fut enchanté de son expédition. Plus
il y réfléchissait, et plus il comprenait l'importance des résultats acquis. Tout un noyau
de lumière se formait autour de ce conflit de
famille, dans lequel il pressentait l'origine de
tant d'actes ténébreux qui commençaient à
prendre pour lui une certaine signification.

L'après-midi et le jour suivant, il passa aux
Clématites, où il retrouva, malgré l'accueil
cordial qu'on lui réservait, cette même impression d'isolement que la première fois, et cette
même atmosphère pathétique. Chacun vivait
en soi, avec ses pensées propres et son but
particulier. A quoi songeaient tous ces gens-
là ? De temps à autre, Rolande et Jérôme
échangeaient un regard affectueux. Et de

temps à autre, les yeux de Félicien quittaient
Faustine et le portrait qu'il peignait pour
regarder Rolande et Jérôme.

Dans le silence, Rolande dit à son fiancé :

« Vos papiers sont prêts, Jérôme ?

— Certes.

— Les miens aussi. Nous sommes le
mardi 7. Fixons notre mariage au samedi 18,
voulez-vous ? »

Jérôme lui prit la main et la baisa avec
une exaltation où se révéla toute l'ardeur de
son amour. Elle sourit et ferma les yeux.

Félicien travaillait avec application.

Raoul se dit :

« Le 18 septembre, c'est dans onze jours.
Il faut que d'ici là tout se déclenche et que
leurs passions fassent éclater la vérité, encore
si lointaine et si complexe. »

Il n'avait plus été question de la visite mys-
térieuse reçue par Rolande. Quelle en avait
été la cause ? Pourquoi Rolande, si hostile au
début, semblait-elle si douce et si émue au
départ ? Et Jérôme Helmas avait-il été mis au
courant ?

Le samedi 11 septembre, Raoul fut mandé
par Rolande aux *Clématites*, où l'inspecteur
Goussot devait venir à trois heures pour communication importante. Rolande désirait que
M. d'Averny et Félicien Charles en fussent
témoins.

Raoul fut exact au rendez-vous, Félicien également. Faustine ne parut pas.

La communication que fit l'inspecteur Goussot fut brève. Affectant de ne pas remarquer la présence de Raoul et de Félicien, il ne s'adressa qu'à Rolande et à Jérôme.

« Voilà plusieurs lettres anonymes que nous recevons. Toutes sont dactylographiées, d'une façon d'ailleurs assez maladroite, et toutes sont mises à la poste, la nuit, au Vésinet. Mon enquête, qui a porté sur les personnes ayant une machine à écrire, a dû être connue, car ce matin on a trouvé une machine, de fabrication ancienne, sur un tas de détritus, à trois kilomètres d'ici. Mais, une dernière fois, on s'en était servi hier, et le soir, arrivait à la Préfecture cette lettre dont je vous prie d'écouter la lecture :

« — Le long de l'avenue où Simon Lorient
« a été frappé, au cours de la fameuse nuit,
« s'étend une propriété inhabitée depuis des
« mois, et dont le mur bas est surmonté
« d'une grille. A travers les barreaux de cette
« grille, on aperçoit un mouchoir sous les
« feuilles des arbustes. Peut-être serait-il bon
« de vérifier la provenance de ce mouchoir. »

« J'ai suivi le conseil donné, continua l'inspecteur principal. Ce mouchoir, que voici, est évidemment sali et mouillé par la pluie et la rosée. Mais il est facile de distinguer la marque longue, anguleuse et rousse que laisse un couteau rougi de sang que l'on essuie avec un linge. Comme initiales, il n'y en a qu'une, ainsi que sur la plupart des mouchoirs achetés dans les magasins : la lettre F. Puisque vous êtes là, monsieur Félicien Charles, voulez-vous ? »

Félicien obéit et tendit son mouchoir. Goussot fit la comparaison.

« Pas d'initiale sur celui-ci. Mais, on peut s'en rendre compte, même toile fine, et rigoureusement les mêmes dimensions. Je vous remercie. Ces pièces seront versées à l'instruction et le service du laboratoire examinera si les taches brunes sont des taches de sang. En ce cas, il y aurait là une charge des plus graves contre celui qui a frappé Simon Lorient et qui avait d'abord frappé M. Helmas. »

L'inspecteur n'en dit pas davantage, salua les deux fiancés et sortit.

« Mon cher Félicien, observa Raoul en se levant, les événements se précipitent. La police n'a plus le moindre doute à votre égard. D'ici quelques jours, M. Rousselain sera obligé de vous rappeler dans son cabinet, et alors... »

Félicien ne répondit pas. Il semblait penser à bien autre chose. Raoul le détestait.

Le soir, après son dîner, comme il passait dans l'ombre du jardin, il y eut, sur l'avenue, un léger coup de sifflet et il vit une silhouette de femme qui cheminait le long du grand lac, et s'en allait, vers la gauche, dans une direction opposée à la villa des *Clématites*.

Raoul pensa que le sifflement devait être un signal. Et de fait, Félicien ne tarda pas à surgir du pavillon. Il ouvrit doucement la barrière et tourna, lui aussi, vers la gauche.

Raoul eut soin de prendre par l'intérieur du *Clair-Logis* et par l'issue du garage.

Il discerna sur le sentier qui borne le lac deux silhouettes qui s'éloignaient. La nuit n'était pas encore bien épaisse. Il reconnut Félicien et Faustine qui parlaient avec animation.

Il les suivit de très loin.

Ils franchirent le pont et s'assirent sur le même banc où il avait vu Rolande et Jérôme Helmas.

Comme ils lui tournaient le dos, il put, sans crainte, s'approcher d'eux à un intervalle de vingt-cinq ou trente mètres.

Très nettement, il se rendit compte que Félicien était dans les bras de Faustine et que sa tête reposait sur l'épaule de la jeune femme.

III

L'ENLÈVEMENT

LA réaction brutale de ses instincts eut lancé Raoul à l'assaut des deux amoureux et lui eut imposé la satisfaction immédiate de jeter Félicien à l'eau et d'étrangler Faustine. S'il ne le fit point, si, même, il s'immobilisa tout de suite, après deux ou trois pas vers le pont, ce fut pour des motifs qu'il ne discerna qu'après coup.

Il se tint donc tranquille. L'heure n'était pas aux accès de rage ni aux attaques irréfléchies. Il n'avait jamais éprouvé pour Faustine qu'un désir où n'entrait pas le moindre amour, et, à l'instant où tout annonçait la tempête proche et la bourrasque du dénouement, il n'obéirait pas à une crise de folie orgueilleuse qui risquait de tout compromettre. Les faits, dont quelques-uns commençaient à se classer dans son esprit, malgré leur enchevêtrement, pourraient s'embrouiller de nouveau s'il intervenait à l'improviste.

Et puis, surtout, l'image de la Cagliostro se dressait devant lui. Le père et le fils dressés l'un contre l'autre, se battant pour la même créature, quelle victoire remporterait la morte ! Avec quelle rigueur exécrable s'accomplirait la vengeance qu'elle avait confiée au destin !

Raoul rentra chez lui. Il ferma la barrière et mit en place un dispositif dont il ne se servait jamais et qui actionnait un timbre électrique quand la barrière était ouverte.

Une demi-heure plus tard, le timbre retentit. Félicien était de retour. Raoul s'endormit.

Il passa toute la matinée à maugréer contre Félicien, qu'il détestait de plus en plus. A ce moment, au travers de toutes les contradictions et les invraisemblances, il inclinait à admettre comme certaine la complicité de Rolande et de Jérôme. Les projets des deux fiancés devaient s'étayer sur cette histoire, si mal définie, de l'héritage Dugrival. Il fit une courte promenade, déjeuna et résolut de filer jusqu'à Caen pour s'enquérir, prendre des informations sur Georges Dugrival, peut-être pour le rencontrer, en tout cas pour pratiquer chez lui, la nuit prochaine, une intéressante visite domiciliaire.

Mais, comme il se disposait à monter en auto, la sonnerie du téléphone le rappela au *Clair-Logis*. Jérôme Helmas le suppliait de venir, de toute urgence, sans perdre une minute. Le jeune homme semblait désespéré.

Deux minutes plus tard, Raoul arrivait. Jérôme attendait sur le seuil, avec le domestique, et aussitôt, balbutia, d'une voix qui suffoquait :

« Enlevée !...

— Qui ?

— Rolande. Enlevée par ce misérable.

— Ce misérable ?

— Félicien Charles.

— Allons donc ! protesta Raoul, qui voyait encore Félicien dans les bras de Faustine. Rolande aurait consenti ?

— Vous êtes fou ! s'écria Jérôme, indigné. Enlevée de force ! En auto ! Je vous expliquerai... J'ai pensé tout de suite qu'il n'y avait que vous qui pouviez... »

Il sauta sur le siège.

« Mais, quelle route ? demanda Raoul.

— Du côté de Saint-Germain. N'est-ce pas, Edouard ? Vous les avez vus ?

— Oui. Saint-Germain », affirma le domestique.

Déjà l'auto de Raoul démarrait.

A trois cents mètres, ils virèrent sur la route nationale, à droite, et franchirent la Seine. La route nationale n° 190, c'était la direction de Rouen, de la Normandie...

Jérôme mâchonnait, hors de lui :

« Elle ne se doutait de rien... Moi non plus... Il avait ramené de Paris une auto qu'il voulait acheter, soi-disant. Il profita de ce que j'étais dans le jardin pour lui proposer d'essayer la voiture... Elle s'y installa. Mais, comme il mettait le moteur en marche, elle voulut sans doute descendre et il dut l'en empêcher, car elle poussa des cris qu'Edouard entendit, ainsi que moi. Lorsque Edouard sortit, la voiture était déjà loin.

— Quelle sorte de voiture ?

— Un cabriolet.

— Aucun genre spécial ?

— Une caisse jaune clair.

— Combien d'avance ?

— Dix minutes au plus.

— On les aura. Félicien conduit mal. »

Raoul s'engageait dans la côte de Saint-Germain. Mais, subitement, il obliqua du côté de Versailles.

« Dix à douze kilomètres de ligne droite. On va gazer.

— Mais pourquoi changer ?

— Une idée !... Félicien a été élevé dans le Poitou. Puisque nous n'avons aucune indica-

tion précise, il faut diminuer les risques
d'erreur et supposer qu'il se réfugie dans une
région qu'il connaît. La route nationale n° 10
doit être la bonne.

— Si vous vous trompiez ?

— Tant pis. »

Ils traversèrent en trombe la place d'Armes,
à Versailles, et roulèrent jusqu'à Saint-Cyr
et Trappes.

« Nous devrions déjà voir le cabriolet
jaune. Il faut que Félicien marche à toute
allure.

— Mais, vous êtes certain ?...

— Oh ! absolument certain. Nous faisons
du cent dix à l'heure. A ce train-là, nous
sommes sûrs de le rattraper avant Rambouillet... »

Il était heureux de sa victoire immédiate.
Quelle revanche contre ce damné Félicien que
rien ne pouvait sauver de la défaite et du
ridicule !

« Vous êtes sûr ? Vous êtes sûr ? objecta
Jérôme. Et si vous aviez choisi la mauvaise
route ?

— Impossible... Tenez, n'est-ce pas eux,
là-bas... qui s'engagent dans la forêt ?

— Oui ! oui ! » s'écria Jérôme.

Et, s'exaltant soudain, il lâcha des injures :

« Le misérable ! Je savais bien qu'il l'aimait... Je l'ai dit vingt fois à Rolande... Il l'a

toujours aimée... Dès le début, il tournait
autour d'elle. Du temps même de cette pauvre
Elisabeth... C'est elle qui l'a remarqué. Il
l'aime, je vous le dis, monsieur... Ah ! le cabotin... Il s'en cache, il affecte de s'occuper
de Faustine, mais je sentais sa haine contre
moi... sa jalousie féroce. Quand elle lui a
annoncé son mariage, il avait beau crâner, il
tremblait de colère. Il l'aime... Il l'aime et il
l'emporte... Ah ! s'il échappait... Voyez-vous
qu'il échappe et que Rolande ne puisse se
sauver de lui. Ah ! l'horreur !... Mais marchez
donc ! On n'avance pas... »

Au fond de lui, Raoul éprouvait une satisfaction confuse dont il se rendait compte et
qu'il savourait. Vraiment, ce Félicien avait
parfois de l'allure. Au milieu des angoisses,
traqué par la police, de quoi s'occupait-il ?
De conquérir Faustine et d'enlever Rolande !
Au lieu de se défendre ou se garder contre
le danger, il demeurait en pleine bataille et
même prenait l'offensive, quoi qu'il pût adve-
nir. Le gredin, quelle audace !

A Rambouillet, la longue rue pavée et tor-
tueuse les força à ralentir, d'autant plus que
deux voies s'offraient pour Chartres et Tours.

« Prenons au hasard », dit Raoul.

Jérôme s'effarait, ayant perdu tout contrôle
sur lui.

« Le lâche ! J'avais bien dit à Rolande de

se méfier ! Un sournois... un hypocrite... Sans compter tout le reste... Oui, tout le reste... Moi, j'ai mon idée sur toutes ces histoires de *L'Orangerie*... Ah ! si je pouvais le tenir ! »

Il tendait les poings en avant. Raoul pensa qu'il était haut, solide, bien bâti, très sportif et qu'il écraserait aisément Félicien, plus mince et moins solide d'aspect. Mais rien n'eût empêché Raoul de pousser à fond et d'atteindre le fugitif dont sa rancune exigeait la défaite.

Et, soudain, après un tournant, la voiture jaune apparut, trois ou quatre cents mètres plus loin. L'auto de Raoul sembla doubler de vitesse en une seconde, comme un cheval de course aux dernières foulées. Aucun obstacle, aucune distance ne pouvait faire désormais que le ravisseur ne fût capturé.

Il n'y eut même pas de progression dans le rapprochement. L'intervalle s'abolit en quelque sorte d'un coup. Et il arriva que, subitement, la voiture de Raoul se trouva placée devant l'autre, qu'elle la contraignit à ralentir au risque de tout casser, et qu'elle l'immobilisa, en l'espace de cinquante mètres, sur le bord de la route.

En avant, en arrière, personne.

« A nous deux ! » cria Jérôme Helmas en sautant à terre.

Déjà, Félicien surgissait, par la portière

également. Au milieu de la chaussée, Rolande
était descendue, toute chancelante.

Jérôme, qui courait d'abord au combat, se
mit à marcher pesamment, comme un boxeur
qui prépare une attaque.

Félicien ne bougeait pas.

La jeune fille voulut se jeter entre eux.
Raoul d'Averny s'interposa et la saisit aux
épaules.

« Restez là. »

Elle voulut se dégager.

« Mais non ! Ils vont se battre.

— Et après ?

— Je ne veux pas... Il va le tuer...

— Soyez tranquille... Je veux savoir...

— C'est abominable... Laissez-moi...

— Non, dit Raoul, je veux savoir s'il aura
peur... »

Rolande se tordait dans ses bras, mais il
tenait bon, et il observait Félicien avec avidité.

Félicien n'avait pas peur. Chose étrange
même, on eût dit qu'il souriait. Un sourire pro-
vocant, narquois, plein de mépris et de sécurité. Etait-ce possible ?

A deux mètres de lui, Jérôme Helmas
s'arrêta, et gronda, par deux fois :

« Décampe... Décampe... Sinon... »

L'autre haussa les épaules. Son sourire
s'accentua. Il ne se mit même pas sur la
défensive.

Un pas encore, et un pas. De tout l'élan de son corps puissant, Jérôme se fendit, tout en jetant son poing vers le visage qui s'offrait.

Félicien fit un mouvement de tête et s'effaça pour éviter le choc.

Jérôme fut projeté, se retourna et proféra :

« Ne bougez pas, Rolande, l'affaire est réglée. »

Et une séance de boxe commença, ardente et furieuse. Félicien s'était arc-bouté sur ses jambes et ne reculait pas d'une ligne. Après un premier engagement, Jérôme dut sentir qu'il n'obtiendrait pas de décision par cette façon et il se rua sur son adversaire, le saisit à bras-le-corps et l'étreignit de toutes ses forces, usant de son poids pour le renverser.

Félicien résista un moment, plié en arrière, les reins presque rompus. Puis il céda et se laissa tomber, entraînant sur lui Jérôme Helmas.

La jeune fille se débattait toujours et criait. Raoul lui ferma la bouche.

« Taisez-vous... il n'y a rien à craindre... Si l'un d'eux sortait une arme quelconque, je suis là. Je réponds de tout.

— C'est odieux, bégaya-t-elle.

— Non... il faut que la querelle soit vidée... Il le faut... »

Elle ne tarda pas à l'être. Les deux lutteurs roulèrent sur le sol et sur l'herbe poussié-

reuse. Félicien donnait des signes de faiblesse.
Le dénouement était proche. Mais il fut tout
le contraire de ce qu'on pouvait attendre.
Félicien se releva et brossa ses vêtements de la
paume de sa main, tandis que Jérôme gémissait et demeurait inerte.

« Bigre, ricana Raoul, c'est rudement bien
joué. »

Il se hâta vers le vaincu, se pencha, et cons-
tata qu'il n'avait rien qu'une douleur au bras.

« Dans deux minutes, vous êtes debout, lui
dit-il, mais je vous conseille d'en rester là...
avec un pareil bougre ! »

Félicien s'éloignait lentement. Son visage
n'exprimait ni émotion, ni plaisir, et l'on
n'aurait pas cru qu'il venait de terrasser
l'homme qui semblait être son rival abhorré.
Il passa près de Rolande sans qu'elle lui fît
un reproche et sans qu'il lui adressât la
parole...

Rolande, délivrée de l'étreinte de Raoul,
paraissait anxieuse et indécise. Elle regarda
les deux hommes. Elle regarda Raoul et
observa les alentours.

Non loin, sur la route, une auto arrivait,
lentement. C'était un taxi vide qui retournait
à Rambouillet. Elle héla le chauffeur, s'entendit avec lui et monta.

Jérôme, qui s'était relevé, fit un signe et
monta près d'elle. Le taxi démarra.

Félicien n'eut même pas l'air d'enregistrer l'incident. Comme il se disposait à reprendre place dans sa voiture, Raoul l'apostropha :

« Tous mes compliments. Un joli coup de jiu-jitsu... classique d'ailleurs.... mais, si bien exécuté... la torsion du bras... Où diable avez-vous appris cela ? Et quelle maîtrise de boxeur ! Encore une fois, je vous félicite, étant donné surtout l'avantage de taille et de masse que possédait Jérôme. »

Félicien eut un geste d'indifférence et ouvrit la portière. Mais Raoul le retint.

« Vous m'étonnez toujours, Félicien. Quel drôle de caractère ! Vous aimez assez Rolande pour perdre la tête et pour l'enlever, et puis voilà que vous l'abandonnez à votre adversaire sans plus vous soucier d'elle. »

L'autre murmura :

« Ils sont fiancés.

— Eh bien, justement, on lutte jusqu'au bout, quand on a l'avantage. »

Félicien fit face à Raoul et lui dit, d'une voix polie, mais très nette :

« J'aurais lutté jusqu'au bout, et j'aurais peut-être gagné la partie, si vous n'aviez pas pris fait et cause pour Jérôme. Vous aussi, monsieur, vous les considérez comme fiancés, et pour vous, je n'ai été que l'intrus... que l'on poursuit comme un voleur. Maintenant, il n'y a plus qu'à laisser aller les choses... Advienne que pourra !... »

Paroles énigmatiques, comme l'étaient tous les actes des trois jeunes gens, comme l'était l'attitude de Rolande. Tandis que Félicien s'en allait, Raoul réfléchit longtemps, des faits nouveaux s'enchaînaient à ceux dont il avait découvert la signification secrète, les confirmant ou les modifiant. D'autres suppositions nouvelles prenaient corps dans son esprit. La vérité devenait plus consistante, et plus logique. Rien de plus exaltant que ce déchirement des brumes !

Au lieu de revenir à Paris, il continua sa route, en obliquant vers le nord-ouest. Il se sentait allègre et ne pouvait s'empêcher de rire par instants et de monologuer gaiement à mi-voix :

« Alors, quoi ! un sportif ? un athlète complet ? Sous ces formes d'architecte uniquement soucieux de son travail, il y a donc des muscles, des nerfs, une volonté, du courage, de l'audace ? Mais il est charmant, ce jeune homme ! Avec quelques leçons personnelles de jiu-jitsu, de boxe et de savate, j'en ferais un monsieur tout à fait honorable. Dis donc, mon vieux Lupin, en tant que fils, il ne serait pas si mal que tu le croyais ! Faudra voir ça, mon vieux Lupin. »

Raoul força l'allure. La vie s'éclairait. Décidément, les actions du jeune Félicien remontaient.

Nonancourt... Evreux... Lisieux... Vers huit heures, Raoul descendait dans un grand hôtel de Caen, faisait retirer du coffre de sa voiture une valise toujours prête, et dînait.

Le soir même, il commençait son enquête sur Georges Dugrival, l'ancien ami de Mme Gaverel, et le père supposé d'Elisabeth Gaverel.

On était au dimanche 12 septembre. Le samedi suivant, Rolande épouserait Jérôme Helmas.

IV

L'ÉCRIN BLEU

GEORGES DUGRIVAL avait toujours vécu dans une large aisance. Sa fortune, qui s'appuyait sur d'importantes participations dans des sociétés de mines et de forges normandes, lui permettait de s'intéresser à l'élevage et de posséder un haras et une petite écurie de courses régionales.

Il habitait, seul avec des domestiques, un vieil hôtel comme on en trouve encore dans l'antique et pittoresque ville de Caen. La façade, où se voyaient des sculptures de la Régence et dont les hautes fenêtres marquaient bien le style et l'époque, donnait sur une rue paisible et peu fréquentée. Raoul y passa plusieurs fois le soir même. Trois de ces fenêtres gardèrent leurs lumières jusqu'à une heure avancée. L'une éclairait la loge des concierges, les deux autres, situées au premier étage, et que des rideaux voilaient en partie, devaient être celles d'une chambre à coucher.

La première idée de Raoul était de rendre visite à Georges Dugrival et de lui exposer la situation. Mais, dès le lendemain matin, il apprenait que Georges Dugrival, qui était atteint d'une maladie de foie inguérissable, se trouvait en pleine crise et qu'il n'y avait aucune chance pour qu'on pût être reçu par lui. La chambre éclairée était bien celle qu'il occupait. Deux gardes le veillaient jour et nuit. Le concierge ne se couchait pas, toujours prêt à chercher le médecin.

« Conclusion, se dit Raoul, visite domiciliaire nocturne. Mais par où entrer ? »

L'hôtel était profond, et la façade postérieure donnait sur une cour-jardin que séparait d'une rue parallèle un mur très élevé, et que desservait une porte massive. Le mur atteignait bien cinq mètres de hauteur, et la rue était une des rues les plus fréquentées de la ville. L'entreprise s'annonçait donc malaisée, sinon impraticable.

Perplexe, Raoul revint à l'hôtel, lorsque, au moment de passer du vestibule dans la salle à manger, il s'arrêta net. Le plus extraordinaire spectacle le frappait. A travers les vitres, il apercevait, attablés au restaurant, en train de déjeuner, Félicien Charles et Faustine. Ils causaient avec animation.

Pour quelle œuvre ténébreuse se trouvaient-ils là, tous deux ? Quelle besogne venaient-ils accomplir en complices liés l'un à l'autre par les circonstances, et sans doute aussi, puisqu'il les avait vus, par leurs relations intimes ?

Il fut sur le point d'aller s'asseoir à leur table et d'y commander son déjeuner. S'il ne le fit point, c'est qu'il savait de quel ton âpre et avec quel rire méchant il leur parlerait. Et puis, pourquoi venaient-ils ainsi rôder autour de Georges Dugrival ?

En hâte, il mangea dans sa chambre, tout en questionnant avec adresse le garçon d'étage.

Le couple était arrivé par un train de nuit, et ils avaient demandé deux chambres. L'hôtel était presque au complet, la dame couchait au second, le monsieur au quatrième.

Le matin, le monsieur seul était sorti. La dame n'avait pas quitté sa chambre.

Raoul descendit. Ils causaient toujours, penchés l'un vers l'autre, de l'air de gens qui discutent une affaire ou cherchent ensemble la meilleure décision à prendre.

Avant qu'ils eussent fini, Raoul se posta non loin de l'hôtel, dans un jardin public.

Vingt minutes plus tard, Félicien sortit. Il était seul.

Entre les barreaux de la clôture, Raoul nota

son expression résolue. Evidemment, Félicien
savait ce qu'il allait faire et se disposait à l'exécuter point par point. Il connaissait son but et
le moyen le plus sûr et le plus rapide pour
l'atteindre. Aucune minute ne serait perdue.

Il se dirigea vers la partie de la ville où
demeurait Georges Dugrival, mais au lieu de
marcher droit à la maison, il suivit le chemin
qui conduisait à la rue parallèle, celle qui
bordait la cour-jardin.

« Enfin quoi ! se dit Raoul, il ne va pas
escalader le mur en plein jour, et devant tous
les passants et les boutiquiers du voisinage !
Il n'a pas d'échelle dans sa poche, que je
sache. D'autre part, fracturer une serrure, ça
ne se fait pas à ces heures-là, c'est une tâche
compliquée, qui attire l'attention, et qui vous
vaut généralement d'être mené au poste de
police. »

Félicien ne semblait nullement méditer ces
problèmes, s'inquiéter des obstacles et choisir
entre plusieurs partis. Son allure était vive,
mais sans excès qui le fît remarquer. Il suivit
le haut mur, et se planta devant la porte, une
clef en main.

« Bravo ! se dit Raoul, voilà un individu
plein de précautions ! Estimant que le pro-
cédé le plus simple et le plus banal pour
ouvrir une porte fermée, c'est d'avoir la clef
de cette porte, il a cette clef. Monsieur rentre

chez lui, tout bêtement. Qui songerait à s'en émouvoir ? »

De fait, le jeune homme tourna deux fois sa clef dans la serrure, tourna deux fois une autre clef qui actionnait le verrou intérieur, entra et disparut.

Raoul eut cette idée que, si Félicien se contentait — supposition probable — de tirer la porte sur lui, il n'était pas impossible de la rouvrir. Crocheter une serrure qui n'est pas fermée à double tour, c'est l'enfance de l'art. Il suffit d'un crochet et d'une grande expérience. Il avait les deux. Il employa donc la méthode délibérée dont avait usé Félicien, traversa la rue, introduisit un crochet, le manœuvra... et « un second monsieur rentra chez lui, tout bêtement. »

Une moitié de la partie gauche de la cour était occupée par une construction rajoutée, sans étage, de sorte que, des fenêtres de la maison, on ne voyait pas qui entrait dans ce rez-de-chaussée, ni qui sortait.

Raoul y pénétra sans bruit. Il y avait d'abord un petit vestibule qui donnait, d'un côté, sur un vestiaire où quelques manteaux étaient accrochés, et, en face, sur une pièce isolée que s'était réservée Dugrival et qu'il avait meublée d'un vaste bureau, de casiers et de bibliothèques. Partout, des tapis.

Dans un coin, un placard ouvert, où se dissimulait un coffre-fort. A genoux, devant ce coffre, Félicien.

Il était tellement absorbé par son travail qu'il n'entendit pas l'arrivée prudente de Raoul, lequel, d'ailleurs, resta sur le seuil, sa tête émergeant de l'entrebâillement.

En face du coffre, Félicien agit avec la même célérité. Il tourna les trois boutons sans hésiter, comme s'il connaissait le chiffre de la combinaison, et se servit d'une clef qui accomplit loyalement la tâche de telle clef destinée à tel coffre.

Le lourd battant d'acier fut tiré.

A l'intérieur, beaucoup de dossiers, dont il ne regarda même pas les titres. Il cherchait évidemment autre chose.

Il écarta ceux d'en haut, puis ceux de la case intermédiaire, passant la main en arrière des paperasses. A la seconde tentative, il ramena un écrin bleu, assez grand, et qui devait être la chose dont il s'enquérait.

Toujours agenouillé, il se tourna un peu vers la fenêtre afin de mieux y voir, ce qui permit à Raoul de ne pas perdre un seul de ses mouvements.

Le couvercle fut soulevé. L'écrin bleu contenait une demi-douzaine de diamants que le jeune homme examina lentement, un à un, et qu'il mit dans sa poche, un à un, avec les mêmes gestes flegmatiques.

Et c'était ce flegme qui surprenait Raoul. Il avait la preuve que l'affaire était préparée de telle façon, les renseignements si bien recueillis et les mesures si bien prises, que Félicien pouvait agir en toute tranquillité. Il ne prêtait même pas l'oreille aux bruits de la cour et de la maison. Il savait qu'à cette heure-là aucune intervention ne le troublerait.

« Faire de l'enfant un voleur... » avait prescrit la comtesse de Cagliostro. Si tant est que Félicien fût l'enfant désigné, l'ordre était exécuté. Félicien volait. Félicien cambriolait. Et avec quelle maîtrise ! Aucun mouvement inutile. Du sang-froid, de la méthode. De la réflexion. Arsène Lupin n'aurait pas mieux fait.

Lorsqu'il eut vidé l'écrin, il s'assura qu'il n'y avait pas de double fond, et s'assura également que le casier inférieur du coffre ne contenait que des dossiers, et il s'occupa de refermer.

Raoul, préférant éviter la rencontre, se glissa dans le vestiaire et se mit à l'abri des vêtements pendus. Nulle appréhension, du reste, n'avait effleuré Félicien qui s'éloigna sans soupçonner un instant qu'il avait pu être surveillé.

Il traversa l'extrémité de la cour, sortit, et, du dehors, ferma la serrure à clef et le verrou à clef.

Alors, Raoul regagna la grande pièce. Et la sécurité de Félicien avait été si profonde qu'il en garda pour lui-même l'agréable sensation et qu'il s'assit confortablement dans un fauteuil, pour méditer à son aise.

« Faire de l'enfant un voleur. » La volonté de la Cagliostro s'accomplissait. Félicien volait, et il avait volé sous les yeux de son père. Quelle effroyable vengeance !

« Oui, effroyable, se dit Raoul, si réellement c'est mon fils. Mais puis-je admettre que mon fils soit un voleur ? Voyons, Lupin, tu es franc avec toi-même, n'est-ce pas ? Personne ne t'écoute. Tu n'as pas besoin de jouer la comédie. Eh bien, si, au fond de ta loyale conscience, tu avais cru, durant l'espace d'une seconde, que ce vulgaire escroc pût être ton fils, est-ce que tu n'aurais pas souffert la pire des morts ? Oui, n'est-ce pas ? Or, tu n'as pas souffert en voyant Félicien cambrioler. Donc, Félicien n'est pas ton fils. C'est clair comme de l'eau de roche, et je défie quiconque de me prouver le contraire. Décidément, mon vieux Félicien, tes actions dégringolent de nouveau ! Tu peux voler si ça t'amuse, je m'en contre-fiche. »

Et il ajouta, à haute voix :

« Maintenant, la question peut se poser autrement... »

Mais Raoul ne se posa pas cette question. Il

avait mieux à faire que de ratiociner. Il avait à
fouiller les tiroirs de ce bureau.

Il força proprement les serrures, et il pensait avec ironie que, quand il fouillait des
tiroirs, il n'avait pas, pour le métier de cambrioleur, cette aversion vengeresse qui le
secouait quand le cambriolage était effectué
par un autre.

L'essentiel, en l'occurrence, était de réussir.
Il réussissait. Une découverte le récompensa,
d'une importance considérable.

Dans un même carton, placé au fond d'un
tiroir secret, il trouva deux douzaines de
lettres, d'une écriture féminine, non signées,
mais dont certains détails marquaient la provenance. Elles avaient été écrites par la mère
d'Elisabeth et de Rolande, et elles prouvaient
que, malgré les apparences, Mme Gaverel était
encore fidèle à son mari, lors de la rupture
entre les deux hommes.

Ce n'est que plus tard que l'on avait le droit
de supposer, à quelques allusions voilées et à
un accent plus attendri de la correspondance,
qu'elle avait cédé à l'amour de Georges Dugrival. En conséquence, si l'une des deux sœurs
était la fille de Georges Dugrival, ce ne pouvait être que Rolande. Mais cela personne ne
l'avait su, et personne n'avait le droit de
l'affirmer, et, sans aucun doute possible,
Rolande ignorait le secret de sa naissance, et

devait l'ignorer toujours. C'était même une des préoccupations de la mère, et l'une des phrases les plus précises disait : « Qu'elle ne sache jamais rien, je vous en supplie... »

Raoul médita d'autant plus longuement sur sa découverte qu'il lui était impossible de sortir par où il était entré et qu'il lui fallait attendre la nuit.

Vers sept heures, il monta les quatre marches qui conduisaient au rez-de-chaussée même de la maison. Un grand salon s'offrait d'abord à lui, presque obscur sous ses rideaux croisés, les housses sur les meubles et sur le piano. Après, c'était un vestibule, où s'amorçait un large escalier, et sur lequel avait vue, par un œil-de-bœuf, la loge des concierges.

Vers huit heures, branle-bas dans la maison. Deux messieurs descendirent. On alla chercher le docteur qui, aussitôt arrivé, monta l'escalier après avoir échangé quelques mots avec les deux messieurs.

Ceux-ci, habillés assez pauvrement, s'entretinrent à voix basse avec le concierge, puis, en attendant, s'assirent sur des sièges du vestibule, tout près de la porte entrebâillée du salon où, de nouveau, ils chuchotèrent entre eux. Raoul entendit quelques mots. C'étaient des cousins de Georges Dugrival. Il fut question de la santé du malade, et du dénouement qui ne pouvait guère tarder au-delà d'une

semaine ou deux. Ils firent aussi allusion aux
scellés qu'il faudrait mettre dans le cabinet
de travail de la cour, étant donné « la boîte
à bijoux enfermée dans le coffre-fort, et où
il y avait des diamants de grande valeur ».

Le docteur redescendit. Tandis que, pour
l'accompagner, les deux cousins prenaient leur
chapeau dans une pièce voisine, Raoul sortit
du salon comme un familier de la maison,
tendit la main au docteur à qui le concierge
avait, de sa loge, ouvert la porte, et s'en
alla tranquillement.

A dix heures du soir, il quittait la ville de
Caen. Surpris en route par un violent orage,
accompagné de rafales d'eau, il couchait à
Lisieux, et ne franchissait le pont du Pecq,
au bas de la côte de Saint-Germain, qu'assez
tard dans la matinée.

Son chauffeur s'y trouvait, en faction.

« Eh bien, qu'y a-t-il ? Du nouveau ? » dit
Raoul.

L'homme s'assit vivement près de lui :

« Oui, patron, j'avais peur que vous ne
reveniez par une autre route !...

— Raconte.

— L'inspecteur Goussot a perquisitionné ce
matin.

— Chez moi ? au *Clair-Logis* ? Qu'est-ce que
tu veux que ça me fasse ?

— Non, pas chez vous, au pavillon...

— Chez Félicien ? Il était là ?

— Oui, revenu d'hier soir. On a fouillé en sa présence.

— Qu'est-ce qu'ils ont découvert ?

— Je ne sais pas.

— Ils l'ont emmené ?

— Non. Mais la villa est cernée. Défense à Félicien de sortir. Le personnel doit lui-même demander l'autorisation aux agents. J'ai prévu le coup et suis sorti d'avance.

— Pas question de moi, dans tout cela ?

— Si.

— Un mandat ?

— Je ne sais pas... En tout cas, Goussot a un papier de la préfecture qui vous concerne. Et on guette votre retour.

— Diable ! tu as rudement bien fait de me barrer le chemin. Pas la peine de me jeter dans la souricière. »

Entre ses dents, il prononça :

« Qu'est-ce qu'on peut bien vouloir ? M'arrêter ? Non, non... *ils* n'oseraient pas. Tout de même... tout de même, *il se peut bien qu'ils perquisitionnent*... Et après ? »

Au bout d'un instant, il prescrivit :

« Rentre. Moi, je ne bouge pas de notre maison du Ranelagh, sauf demain matin. L'après-midi, je te téléphonerai.

— Mais Goussot ? ses hommes ?...

— S'ils ne sont pas partis à ce moment-là,

c'est que tout est fichu. Alors débrouillez-vous. Ah ! un mot encore... Faustine ?...

— Ils ont parlé d'elle... Ils devaient passer à la clinique... tantôt, je crois.

— Oh ! oh ! ça devient grave... Décampe. »

Le chauffeur décampa. Raoul, pour éviter la route nationale et Le Vésinet, fit le tour de la presqu'île par Croissy-sur-Seine, et remonta jusqu'à Chatou.

Du bureau de poste, il téléphona à la clinique :

« Mlle Faustine, s'il vous plaît ?

— De la part de qui ? »

Il dut donner son nom.

« De la part de M. d'Averny. »

On appela la jeune femme.

« C'est vous, Faustine ? C'est moi, d'Averny... Voilà... Vous êtes menacée... Croyez-moi... Il faut vous mettre à l'abri. Réglez votre hôtel, rejoignez-moi hors de Chatou, sur la route de Croissy. Ne vous pressez pas. Vous avez le temps. »

Elle ne répondit pas. Mais trente minutes plus tard, elle débouchait, sa valise à la main.

Sans un mot, ils filèrent par Bougival et Malmaison. A Neuilly, il demanda :

« Où dois-je vous déposer ?

— Porte Maillot.

— Comme adresse, c'est vague, ricana-t-il. Vous vous défiez toujours de moi ?

— Oui.

— Stupidité ! Tous nos embêtements vien-
nent de votre défiance, à tous. Et à quoi bon ?
Croyez-vous que ça m'a empêché de déjeuner
hier, en même temps que vous, à Caen, à
l'hôtel où vous étiez descendue, et d'assister
au cambriolage de Félicien dans la maison de
Dugrival ? Et croyez-vous que ça m'empê-
chera de réussir auprès de vous, Faustine, et
d'obtenir de vous ce que je n'ai jamais cessé
de vouloir ? Adieu, chérie. »

Raoul se réfugia dans une de ses retraites
de Paris, au Ranelagh, et, après avoir
déjeuné, y dormit toute la journée et toute
la nuit.

Le lendemain, il se rendait à la préfecture
et faisait passer sa carte à M. Rousselain,
juge d'instruction.

On était à mercredi 15 septembre.

Rolande et Jérôme devaient s'épouser le
samedi suivant.

V

MARIAGE ?

BIEN que quelques minutes se fussent écou-
lées lorsqu'il fut introduit dans le cabinet du
juge d'instruction, Raoul discerna encore les
traces de l'étonnement que causait sa visite à
M. Rousselain. Se pouvait-il que, de lui-même,
M. d'Averny s'offrît aux périls qui le mena-
çaient ? Le juge n'en revenait pas.

Raoul lui tendit la main. Interloqué,
M. Rousselain la lui serra.

« C'est ce qu'on appelle, dit Raoul en riant,
la main forcée. »

Et comme l'autre souriait, il plaisanta :

« C'est un peu d'ailleurs la dominante de
notre aventure. On veut vous forcer la main
une fois encore contre Félicien Charles.
Aujourd'hui on veut en outre vous la forcer
contre moi.

— Contre vous ? articula M. Rousselain.

— Dame ! J'ai entendu dire que maître Goussot avait en poche un mandat qui me concernait.

— Une convocation tout au plus.

— C'est encore trop, monsieur le juge d'instruction. Avec moi, il vous suffit de me téléphoner : « Cher monsieur. J'ai besoin de vos « lumières. » Et j'accours. Donc, me voici. Et alors, en quoi puis-je vous servir ? »

M. Rousselain reprenait son aplomb, amusé par ce diable d'homme qui, en quelques mots, rétablissait sa situation de collaborateur. Résultat : M. Rousselain congédia son greffier en le priant de passer à la police judiciaire pour qu'on lui envoyât sans retard la personne qu'il venait de demander. Puis il répliqua, d'un ton allègre :

« En quoi vous pouvez me servir ? Mon Dieu, en me disant ce que vous savez.

— Je vous le dirai en partie aujourd'hui, et surtout samedi ou dimanche. D'ici là, qu'on me laisse travailler à ma guise.

— Voilà bientôt deux mois que vous travaillez à votre guise, monsieur d'Averny, que vous manipulez les événements, que vous faites emprisonner Félicien, ensuite vous le remplacez par Thomas Le Bouc... Cela ne vous suffit pas ?

— Non, accordez-moi trois jours de plus.

— Nous allons voir cela. Parlons d'abord de Félicien Charles. Hier matin, l'inspecteur Goussot, que j'avais chargé de vous convoquer, ne vous trouvant pas au *Clair-Logis*, pensa qu'il pouvait profiter de votre absence pour faire faire chez Félicien Charles une nouvelle perquisition, et il découvrit, dans une cachette, adroitement pratiquée, deux objets, un couteau et la lame d'une scie. Or, nous avons pu établir que ce couteau...

— Excusez-moi de vous interrompre, monsieur le juge, dit Raoul, mais je ne suis pas venu pour défendre Félicien Charles.

— Pour défendre qui, alors ?

— Moi. Oui, moi, à qui vous semblez faire certains reproches. Ce sont des reproches, lesquels forment au fond un véritable réquisitoire, que je voudrais connaître. Est-ce que je me trompe ? »

M. Rousselain se divertissait.

« Toujours fantaisiste, monsieur d'Averny. Ce n'est plus moi qui dirige notre conversation. C'est vous... Bref, sur quoi dois-je vous renseigner ?

— Sur ce que vous me reprochez.

— Soit, dit nettement M. Rousselain. Eh bien, voici : toutes les péripéties de cette aventure, tous les développements de mon instruction, toutes les déclarations et toutes les réticences de Thomas Le Bouc me donnent

l'impression — le mot n'est pas juste — me
donnent la conviction que, dans une certaine
mesure qu'il m'est impossible de préciser,
vous êtes mêlé directement à cette affaire.
Et je me permets de vous poser à mon tour
la question : est-ce que je me trompe ?

— Et je vous réponds avec la même franchise : non, vous ne vous trompez pas. Mais
c'est pour vous que je travaille.

— En me contrecarrant ?

— Exemple ?

— C'est vous qui avez fait arrêter Thomas
Le Bouc et qui lui avez dicté ses réponses,
n'est-ce pas ?

— Je l'avoue.

— Pourquoi ?

— Je voulais délivrer Félicien.

— Dans quelle intention ?

— Pour connaître son rôle dans l'affaire,
ce que la justice était incapable d'établir.

— Vous le connaissez ?

— Je le connaîtrai samedi ou dimanche, à
condition que vous me laissiez libre d'agir.

— Je ne puis vous le promettre tant que
vous intervenez dans un sens contraire à mes
décisions.

— Vous avez un autre exemple à me donner ?

— Il date d'hier.

— Lequel ?

— Nous avons tout lieu de croire que la demoiselle Faustine, placée *par vous* comme infirmière à la clinique, et qui a soigné Simon Lorient, était la maîtresse dudit Simon Lorient. Est-ce vrai ?

— Oui.

— Or, dans la journée, Goussot s'est rendu à la clinique pour l'interroger. Envolée ! Dès midi, elle avait reçu un coup de téléphone de M. d'Averny. Goussot a couru à la pension où elle vivait. Envolée ! A midi et demi, elle avait rejoint une automobile. La vôtre, sans doute ?

— La mienne. »

A ce moment, quelqu'un frappa à la porte du cabinet de M. Rousselain qui répondit : « Entrez. »

Quelqu'un entra, un garçon vigoureux, taillé en hercule.

« Vous m'avez demandé, monsieur le juge d'instruction ?

— Oui, pour un renseignement. Mais d'abord que je vous présente : « Mauléon, commissaire de la police judiciaire. » Vous connaissez le commissaire Mauléon, monsieur d'Averny ?

— De nom, certes. Le commissaire Mauléon fut l'ennemi acharné du fameux Arsène Lupin, dans l'affaire des Bons de la Défense [1].

1. *Victor, de la Brigade mondaine.*

— Et vous, Mauléon, reprit M. Rousselain, vous connaissez M. d'Averny ? »

Mauléon se taisait, comme interdit, les yeux attachés à Raoul. A la fin, il sauta sur place et balbutia :

« Mais oui... mais oui... crebleu de crebleu, mais c'est... »

Le juge d'instruction l'arrêta, lui prit le bras et l'entraîna à l'écart. Ils eurent une ou deux minutes de conversation animée, puis M. Rousselain lui ouvrit la porte en disant :

« Restez là, dans le couloir, Mauléon. Et appelez donc quelques camarades pour vous tenir compagnie. En tout cas, le silence la-dessus ! N'en soufflez pas mot, hein ? »

Il revint, et se mit à marcher vivement, le ventre bondissant sur ses jambes courtes, et sa figure débonnaire toute crispée.

Raoul le regardait, en ruminant :

« Ça y est. Je suis identifié. Au fond, mal-gré son peu de souci de toute réclame, ça lui ferait rudement plaisir de coffrer Lupin... Quelle gloire ! Mais osera-t-il prendre ça sur lui-même ? Tout est là. S'il peut agir et mettre sa signature au bas d'un mandat, personne au monde ne peut le lui interdire... Personne au monde ! »

M. Rousselain se rassit brusquement, frappa la table de son coupe-papier, et, d'une voix rauque, où frémissait une grande émotion :

« Et en échange, que proposez-vous ?

— En échange de quoi ?

— Pas de phrases, je vous en prie. Vous savez fort bien à quoi vous en tenir. »

Raoul savait en effet fort bien ce que signifiait cet échange, et en quoi consistait le marché, et lorsque M. Rousselain eut répété sa question, il riposta carrément :

« Ce que je propose ? Le nom de la personne ou des personnes qui ont scié les deux poteaux qui soutenaient les marches, provoquant ainsi le meurtre d'Elisabeth Gaverel, et le nom de celui qui a frappé, c'est-à-dire tué Simon Lorient.

— Voici une plume et du papier. Ecrivez ces noms.

— Dans trois jours.

— Pourquoi ce délai ?

— Parce qu'il se passera alors un événement qui me permettra d'être fixé dans un sens ou dans l'autre.

— Vous hésitez donc entre deux coupables ?

— Oui.

— Lesquels ? Je ne vous donne pas le droit de vous taire. Lesquels ?

— Le coupable est, ou bien Félicien Charles... ou bien...

— Ou bien ?

— Ou bien le couple Jérôme et Rolande.

— Oh ! soupira M. Rousselain haletant. Que

dites-vous là ? Et de quel événement parlez-vous ?

— Du mariage qui doit avoir lieu samedi matin.

— Mais ce mariage n'a aucun rapport...

— Si. J'estime que ce mariage est impossible, si c'est Félicien le coupable.

— Pourquoi ?

— Parce qu'il aime Rolande comme un fou. Il n'acceptera jamais qu'une femme pour qui il aurait été deux fois criminel, *et qu'il a déjà enlevée*, appartienne à un autre... un autre même qu'il aurait déjà frappé... Rappelez-vous la nuit du drame... Et puis, il n'y a pas que l'amour...

— Quoi encore ?

— L'argent. Rolande doit hériter, dans un avenir prochain, d'une grosse fortune que lui laisse un cousin — en réalité son père. Et il le sait.

— Et s'il accepte ce mariage ?

— En ce cas, c'est que je me trompe sur lui. Et les coupables sont ceux qui bénéficient des meurtres accomplis. C'est Rolande et c'est Jérôme.

— Et Faustine ? Quel est son rôle ?

— Je l'ignore, confessa Raoul, mais je sais que Faustine ne vit que pour venger son amant, Simon Lorient. Or, si elle tourne autour du trio Félicien, Rolande, Jérôme, c'est que son instinct de femme l'a poussée vers eux. Félicien, Rolande, Jérôme... Ne cherchons pas plus loin ! Oh ! je ne vous dis pas que tout cela soit encore clair ! Non, il y a des choses inexplicables, et qui ne s'expliqueront qu'au fur et à mesure des événements. Mais, en tout cas, il n'y a que moi qui puisse achever de débrouiller la situation. Si la justice s'en mêle, tout est perdu.

— Pourquoi ? La piste que vous nous indiquez...

— Cette piste ne peut vous conduire à aucune certitude. La vérité est là, dans mon cerveau, où sont réunis tous les éléments du problème. Sans moi, vous continuerez de bafouiller, comme vous le faites depuis deux mois. »

M. Rousselain hésitait. Raoul s'approcha de lui, et d'un ton amical :

« Ne réfléchissez pas trop, monsieur le juge d'instruction ; il y a certaines décisions dont on doit connaître, avant de les prendre, toutes les conséquences. »

M. Rousselain se rebiffa :

« Un juge d'instruction est maître absolu de ses décisions, monsieur.

— Oui, mais il arrive qu'avant de les prendre, il doit avertir qu'il va les prendre.

— Avertir qui ? »

Raoul ne répondit pas. M. Rousselain était

fort agité. Il avait repris sa petite promenade sautillante. Evidemment, il n'osait pas trop s'engager seul sur la route que sa conscience lui désignait.

A la fin, cependant, il alla vers la porte et l'ouvrit. Raoul put voir le commissaire Mauléon qui devisait avec une demi-douzaine de camarades.

M. Rousselain fut rassuré. La surveillance était bien faite... Il sortit.

Raoul d'Averny resta seul.

Un moment Raoul entrebâilla la porte. Mauléon s'avança vivement. Raoul lui fit, de la main, un petit signe affable et referma la porte au nez du commissaire.

Dix minutes s'écoulèrent. Pas davantage. L'avis des supérieurs, ou plutôt du supérieur, très haut placé, que M. Rousselain venait de consulter, avait dû être péremptoire, car il rentra dans son cabinet avec une mine renfrognée qui ne lui était pas habituelle. Et il commença :

« Conclusion...

— Conclusion : rien à faire jusqu'à samedi, dit Raoul en riant.

— Cependant, Félicien Charles est plus que suspect...

— Je me charge de lui. S'il essaie d'agir, je vous le livre, pieds et poings liés. Si vous n'avez pas reçu de moi un coup de téléphone

avant onze heures du matin, samedi, c'est que
le mariage a lieu. En ce cas...

— En ce cas ?...

— Venez faire le lendemain, vers neuf
heures et demie, un petit tour au *Clair-Logis*.
Ce sera dimanche, jour de congé. Nous cau-
serons. Et si vous voulez accepter à déjeuner... »

M. Rousselain haussa les épaules et bougonna :

« J'amènerai Goussot et ses hommes.

— Comme vous voudrez. Mais c'est tout à
fait inutile, dit Raoul en riant. Je ne livre
jamais la marchandise que bien empaquetée
et bien ficelée. Ah ! j'oubliais. Ayez l'obligeance
de me donner quelques lignes pour Goussot
afin qu'il suspende momentanément toute
opération au Vésinet. Il faut que tout soit bien
calme là-bas durant cette fin de semaine. »

Dominé, M. Rousselain prit une feuille de
papier.

« Pas la peine, dit Raoul. Je me suis permis
d'écrire la lettre. Vous n'avez qu'à signer...
Oui, le papier qui est là. »

Cette fois, la mauvaise humeur de M. Rousselain s'évanouit. Il rit de bon cœur. Mais au
lieu de signer, il préféra donner un coup de
téléphone à Goussot. Ensuite, il accompagna
jusqu'au bout du couloir Raoul d'Averny qui
passa devant Mauléon et le groupe des poli-

ciers, avec un petit balancement harmonieux
du torse sur les jambes et d'aimables incli-
naisons de tête.

Le jeudi et le vendredi, Raoul et Félicien ne
franchirent pas l'enceinte que formait le mur,
surmonté d'une grille, du *Clair-Logis*. On eût
dit que tout ce qui se passait au-dehors n'avait
aucun intérêt pour eux, et que la vie des
autres pouvait se poursuivre sans qu'ils fussent contraints d'y participer, ni même d'en
avoir connaissance.

Ils se virent souvent, mais uniquement pour
les besoins de l'installation et de la décoration.
Pas une allusion aux incidents de la veille ni
du lendemain. Perquisition, charges nouvelles,
étreinte si menaçante de la police, liberté soudaine des mouvements, mariage de Rolande et
de Jérôme... tout cela ne comptait plus.

Et réellement, Raoul n'y songeait guère.
Les faits, dans leur brutalité ou dans leur
mystère, avaient perdu pour lui toute signification. Dans son esprit, le problème se posait
uniquement au point de vue psychologique,
et s'il tentait de le résoudre entièrement, c'est
que le caractère des trois acteurs du drame lui
demeurait en partie inconnu.

Depuis deux mois, il avait assisté à presque
toute la vie de Félicien, et il lui était impossible de deviner ses actes cachés, puisqu'il
ignorait ses pensées et ses instincts profonds.

Et que savait-il de l'âme réelle de Rolande et
de Jérôme, tous deux personnages lointains,
qui se perdaient dans la brume comme des
fantômes ?

Raoul avait parlé à M. Rousselain avec cette
certitude qu'il affectait toujours dans les
moments d'indécision, et M. Rousselain avait
subi le poids de cette certitude comme tous
ceux qu'il inclinait sous son autorité. Mais au
fond, il ne pouvait guère affirmer qu'une chose,
et par une argumentation logique mêlée de
beaucoup d'intuition, c'est que le mariage de
Jérôme et de Rolande était en lui-même un
dénouement auquel Félicien, Jérôme et
Rolande donneraient sa note explicative.

Or, jusqu'à la dernière minute, Félicien y
parut indifférent. Certes, sa tentative d'enlè-
vement lui fermait la porte des *Clématites* et
ne lui permettait de se rendre ni à la mairie
ni à l'église, mais, le samedi matin, pas un
muscle de son visage ne se contracta quand
l'heure de la signature à la mairie arriva, et
nulle émotion ne l'ébranla lorsque les cloches
de l'église sonnèrent. Pourtant, tout était fini.
Rolande lui échappait. Elle portait le nom d'un
autre. Son doigt s'ornait de l'anneau nuptial.

Etait-ce dissimulation chez Félicien ? Maîtrise absolue sur ses nerfs ? Refoulement de
tout son amour ? Raoul, qui le surveillait pas-
sionnément, ne recueillit pas un seul indice.

Le jeune homme vaquait à ses occupations et travaillait à ses plans de décoration, avec la même sérénité que si rien de grave ne bouleversait son existence.

Tout l'après-midi s'écoula de la sorte, dans la paix d'un beau jour de septembre, où quelques feuilles mortes se détachaient et tombaient en silence.

Et toute la journée, et tout le soir, Raoul poursuivait son monologue intérieur.

« Tu ne souffres donc pas ? Tu ne penses donc pas à ce qui va avoir lieu tout à l'heure ? Comment ! la femme que tu aimes va appartenir à un autre et tu acceptes cela ? Alors, pour quelle raison l'as-tu enlevée ? »

L'ombre vint. Dès que la nuit se fut épaissie — une nuit noire, chaude, lourde de mystère — Raoul sortit furtivement du *Clair-Logis* par l'issue du garage, fit le tour de la propriété et se posta dans l'obscurité près de la barrière. Des idées tumultueuses envahissaient son cerveau. Il se représentait Félicien à Caen chez Georges Dugrival, agenouillé devant le coffre et empochant les bijoux de l'écrin bleu. Il évoquait le duel du jeune homme avec Jérôme Helmas sous les yeux de Rolande qui balbutiait : « Il va le tuer. » Et il se rappelait aussi la conduite énigmatique de Faustine. Qu'était-elle devenue, Faustine ? Car enfin, il manquait au drame qui se jouait un de ses quatre personnages. Faustine était-elle femme à renoncer au rôle qu'elle tenait dans les ténèbres ?

Quelque part, les dix coups d'une horloge tintaient. Raoul savait, par les domestiques, que l'oncle de Rolande, Philippe Gaverel, était revenu du Midi pour le mariage, ainsi que son fils et sa belle-fille. Et Félicien devait le savoir également. Le dîner de famille était terminé. Personne ne restait aux *Clématites* que les deux époux. Est-ce que Félicien se résignait ? N'allait-il pas intervenir, frapper l'ennemi, supprimer le maître de Rolande ?

Quinze minutes encore, et puis la demie sonna...

Raoul, caché derrière un arbre de l'avenue, entendit craquer le gravier de l'allée. Des pas lents avançaient, avec précaution. La barrière fut poussée doucement, puis refermée.

Quelqu'un avança. C'était bien la silhouette de Félicien Charles.

Quand il eut un peu dépassé l'arbre, Raoul surgit de telle façon que Félicien ne pût le voir, sauta sur lui, le ceintura et le renversa.

Le combat ne fut pas long. Assailli à l'improviste, Félicien ne put opposer de résistance. Un voile d'étoffe lui entoura la tête. Des cordes le lièrent solidement.

Raoul le prit dans ses bras, le porta jusqu'au *Clair-Logis*, l'attacha par d'autres cordes à une colonne du vestibule, l'enveloppa d'un rideau qui l'immobilisa davantage encore, et le laissa là, inerte, incapable de faire un seul geste.

Et il s'en alla, libre d'agir, lui...

« Et d'un, sur les quatre ! » se disait-il.

VI

LA HAINE

LORSQUE Raoul supposait qu'un jour ou l'autre il pourrait être amené à quelque visite nocturne dans une maison, il préparait son expédition longtemps à l'avance. C'est ainsi qu'il possédait une clef du potager qui flanquait à droite le jardin de *L'Orangerie*. Et c'est ainsi, en outre, qu'il avait noté l'emplacement de crampons qui soutenaient un espalier collé à la façade latérale de la villa des *Clématites*.

Il pénétra donc dans le potager, longea l'étang devant *L'Orangerie*, dont il remarqua que toutes les lumières étaient éteintes, et atteignit *Les Clématites*. La salle à manger et la pièce de dessus étaient obscures. Pleine clarté dans le studio, mais personne ne s'y

trouvait. Rolande et son mari devaient être
dans les chambres supérieures dont on voyait
les lumières et qui étaient le boudoir de la
jeune fille, sa chambre, et, après la cage
de l'escalier, une grande pièce, aménagée
— Raoul le savait —, en chambre nuptiale, et
que suivait l'ancien appartement d'Elisabeth.

Il tâta, retrouva les crampons de fer au
treillage de la façade latérale, et grimpa sans
trop de difficulté jusqu'à la pièce d'angle,
c'est-à-dire jusqu'à la salle de bain. Par la
corniche, il gagna le balcon qui desservait
cette salle et le boudoir. Les volets du boudoir
étaient fermés, mais non clos, la fenêtre
entrouverte. Il aperçut Rolande, assise dans
un fauteuil, le dos tourné. Elle avait enlevé sa
robe de mariée, et portait une tenue de nuit,
avec un fichu de mousseline qui lui couvrait
les épaules.

Jérôme, très élégant dans son veston d'intérieur, allait et venait. Ils ne parlaient point.

« Ça y est, se dit Raoul. Le rideau est
levé. »

Rarement, au cours de sa vie mouvementée,
il avait attendu avec autant de passion, presque douloureuse, les premières scènes, les
premières paroles mêmes qui lui allaient indi-
quer dès l'abord l'atmosphère où évoluaient
les deux époux, leur état d'âme, leurs relations
affectueuses, le secret même de leur existence.

Ce qu'il n'avait pu exactement établir, il était sur le point de le savoir.

Au bout d'un assez long moment, Jérôme s'arrêta devant Rolande et lui dit :

« Comment vas-tu ?

— Mieux.

— Alors, Rolande ?...

— Que veux-tu dire ?

— Pourquoi ne m'as-tu pas rejoint déjà tout à l'heure, là-bas... dans *notre* chambre ?...

— Patiente un peu, murmura-t-elle. Il faut que je me remette tout à fait. »

Une pause, et, s'étant assis, les coudes sur les genoux, les yeux fixés sur elle, il lui dit :

« C'est étrange ! nous voici mariés et je ne comprends pas encore bien...

— Qu'est-ce que tu ne comprends pas ?

— Notre mariage... Tout cela s'est produit dans une région si extraordinaire ! Je suis passé de l'amitié à l'amour sans m'en apercevoir... Et lorsque je t'ai parlé, j'étais si persuadé de ton refus que j'en tremblais... Et depuis, je t'aime d'une telle façon qu'il me semble que je ne t'aimais pas quand je t'ai offert mon amour. »

Il ajouta plus bas :

« Ce n'est pas une déclaration que je te fais... Je te dis tout cela parce que j'y suis obligé, et avec une certaine angoisse que je ne m'explique pas. »

Il attendait une réponse qui ne vint point, et il allait continuer, quand il se détourna et prêta l'oreille.

« Il me semble que j'ai entendu... dans ta chambre...

— Quoi !

— Du bruit...

— Impossible, les domestiques couchent dans l'autre aile, et tout en haut.

— Si... si... tiens, écoute. »

Il se levait, mais elle le précéda, passa la tête dans sa chambre, referma la porte, et prit la clef en criant :

« Personne. Qui pourrait être là, d'ailleurs ? »

Il songea un instant et dit :

« Tu n'as jamais voulu que j'entre dans ta chambre...

— Non. C'est ma chambre de jeune fille.

— Et après ? »

Elle s'était rassise, avec lassitude. Il s'agenouilla près d'elle et il la regarda longtemps, puis très doucement, par gestes insensibles, il lui saisit la main, et il inclina la tête peu à peu vers le bras nu. Mais à la seconde où ses lèvres allaient l'effleurer, elle se dressa d'un coup :

« Non, non... je te défends... »

Iis restèrent face à face, les yeux dans les yeux, Jérôme cherchant à voir le fond de cette

âme qui se dérobait. Mais il se contint, et de
sa même voix, douce et tendre :

« Ne t'énerve pas, ma chère Rolande. Tu
n'as pas retrouvé ton aplomb depuis ce matin,
depuis l'incident que tu sais. Pourtant tout
cela était convenu entre nous, et je t'avais
communiqué le désir, la volonté de ma mère...
Rappelle-toi... Ma mère n'était pas riche, elle
ne m'a guère laissé que sa bague de fiançailles,
qu'elle n'avait jamais voulu vendre, et elle me
disait toujours : « Quand tu te marieras, agis
« avec ta femme comme ton père a fait avec
« moi. Donne-lui cette bague ·au retour de
« l'église, pas avant, et mets-la à son doigt,
« par-dessus l'anneau de mariage... » Ainsi, tu
le savais... nous étions d'accord. Cependant...
cependant... tu es tombée raide évanouie,
quand je t'ai offert cette bague... »

Elle articula :

« Simple coïncidence... l'émotion... la fatigue...

— Mais... tu l'acceptes de bon cœur ?... »

Elle montra sa main. L'un des doigts portait
l'anneau nuptial et un beau diamant serti dans
une griffe d'or.

« L'anneau et la bague, dit-il en souriant...
L'anneau que j'ai choisi, la bague que ma mère
a choisie et que je t'ai donnée... Par conséquent, Rolande, cette main m'appartient... tu
l'as mise dans la mienne quand je te l'ai
demandée...

— Non, dit-elle.

— Comment, non ? Tu n'as pas mis ta main dans la mienne ?

— Non. Tu m'as dit simplement : « Puis-je « espérer qu'un jour ou l'autre tu voudras « bien m'épouser ? »

— Et tu as répondu : oui.

— J'ai répondu oui, mais je n'ai pas mis ma main dans la tienne. »

Ils étaient restés debout l'un devant l'autre. Jérôme chuchota :

« Qu'est-ce que cela signifie ?... Tu étais déjà, parfois, comme une étrangère... Ce soir... ce soir... tu es encore plus loin de moi. Est-ce possible ? »

Il s'irritait.

« Voyons... voyons... il faut pourtant de la clarté... Ta main, Rolande, ta main qui porte l'anneau et la bague de mariage, mets-la dans la mienne... J'ai le droit de la prendre... J'ai le droit de l'embrasser.

— Non.

— Comment ! Mais c'est inconcevable.

— L'as-tu jamais embrassée ? T'ai-je permis d'y toucher ? de toucher mes lèvres, mes joues ou mon front, ou mes cheveux ?

— Certes non... certes non... fit-il. Mais la raison, tu me l'as dite. C'est à cause d'Elisabeth... En souvenir d'elle, qui était si vivante entre nous, tu ne voulais pas, par une sorte de pudeur... Tu ne voulais pas de mes caresses... J'ai compris... Je t'ai même approuvée... Mais maintenant...

— Qu'y a-t-il de changé ?

— Enfin, Rolande, tu es ma femme...

— Eh bien ?... »

Il parut stupéfait et, la voix altérée :

« Alors tu voudrais ?... C'est ainsi que tu envisages... ? »

Elle prononça gravement :

« Crois-tu donc que je puisse consentir, dans cette maison... où elle a vécu... où tu l'as aimée ?... »

Il s'emporta :

« Partons ! allons où tu voudras ! mais, encore une fois, tu es ma femme, tu seras ma femme.

— Non.

— Comment, non ?

— Pas dans le sens que tu veux. »

Brusquement, il lui entoura le cou de ses deux bras et chercha ses lèvres. Elle le repoussa avec une énergie imprévue en criant :

« Non... non... pas une caresse... rien... »

Il voulut encore la contraindre, mais il découvrit en elle des forces de résistance telles qu'il céda tout à coup, déconcerté, la devinant indomptable, et il lui dit en frissonnant :

« Il y a autre chose, n'est-ce pas ? S'il n'y

avait que cela, tu ne serais pas ainsi. Il y a autre chose.

— Il y a beaucoup d'autres choses... mais une surtout, qui te fera bien comprendre la situation.

— Laquelle ?

— J'aime un autre homme. S'il n'est pas mon amant, c'est qu'il m'a respectée. »

Elle scanda l'aveu sans baisser le regard, mais avec ce ton arrogant qui est un défi et qui ajoute à l'injure.

Il sourit, la figure contractée.

« Pourquoi mens-tu ? Comment admettrais-je que toi, Rolande... ?

— Je te répète, Jérôme, que j'aime un homme, et que je l'aime par-dessus tout.

— Tais-toi ! tais-toi ! cria-t-il, hors de lui, soudain, et les poings levés contre elle. Tais-toi... Je sais bien que c'est faux, et que tu dis cela pour m'exaspérer, pour des raisons que je ne peux pas imaginer... Mais, tout de même, tu me ferais perdre la tête. Toi, Rolande ! »

Il frappait du pied et gesticulait comme un fou, puis il revint vers elle.

« Je te connais, Rolande. Si c'était vrai, tu n'aurais pas cette bague au doigt. »

Elle retira sa bague et la jeta au loin.

Il la rudoya.

« Mais c'est monstrueux ! Que fais-tu ? Et ton anneau de mariage, vas-tu le jeter aussi ?

L'anneau que tu as accepté ? que je t'ai passé
au doigt ?

— Qu'un autre m'a passé au doigt. Celui-ci
n'est pas le tien.

— Tu mens ! tu mens ! nos deux noms y
sont gravés : Rolande et Jérôme.

— Ils n'y sont pas, dit-elle. C'est un autre
anneau avec d'autres noms.

— Tu mens !

— Avec d'autres noms... Rolande et Félicien. »

Il se précipita sur elle, lui agrippa la main,
et en arracha brutalement l'anneau d'or, qu'il
examina de ses yeux hagards.

« Rolande »... « Félicien »... murmura-t-il
dans un souffle.

Il se débattait contre une réalité intolérable,
à laquelle il refusait de croire, et qui l'étreignait de tous côtés, sans qu'il s'y pût sous-
traire.

Il dit, tout bas :

« C'est de la démence... Pourquoi m'avoir
épousé ?... Car tu es ma femme. Rien ne peut
changer cela... tu es ma femme... J'ai droit sur
toi... C'est la nuit de nos noces... Et je suis
chez moi... chez moi... avec ma femme... »

Elle répliqua avec un acharnement tranquille et obstiné :

« Tu n'es pas chez toi... Ce n'est pas la nuit
de nos noces... Tu es un étranger, un ennemi...

Et lorsque certaines paroles auront été pro-
noncées, tu partiras.

— Moi, partir ! cria-t-il. Tu es folle.

— Tu partiras pour laisser la place à *l'autre*,
à celui qui est le maître, et qui est ici chez
lui.

— Qu'il y vienne donc ! fit Jérôme. Qu'il y
ose venir !

— Il y est déjà venu, Jérôme. Il est venu
me retrouver le soir même où Elisabeth est
morte... J'ai pleuré dans ses bras... et j'étais
si malheureuse que je lui ai avoué mon amour
pour lui. Et deux fois, depuis, il y est revenu...
Il est là, Jérôme, dans ma chambre, qui sera
la sienne... Tout à l'heure, c'est lui que tu as
entendu... Et il ne s'en ira plus. Cette nuit de
noces, c'est la sienne... »

Il se rua sur la porte, essayant de l'ouvrir
ou de la démolir à coups de poing.

« Ne te donne pas tant de mal, dit Rolande,
avec un calme effrayant. J'ai la clef. Je vais
ouvrir... Mais auparavant recule, recule de
dix pas... »

Il n'obéit point. Il hésitait. Un long silence
s'ensuivit. De son poste du balcon, dissimulé
derrière les volets à demi clos, Raoul d'Averny,
confondu par la scène tragique et d'une allure
si foudroyante, par la violence implacable et
contenue de la jeune femme, Raoul d'Averny
se disait :

« Comment peut-elle affirmer que Félicien est dans cette chambre ? Il est impossible qu'il y soit, puisque je l'ai laissé empaqueté au *Clair-Logis*, et ce n'est pas en un quart d'heure... »

Mais tout raisonnement devient faux dans ces sortes de crises. Tout s'enchaîne en dehors de la logique, et Raoul assistait, palpitant, aux affres de Jérôme : le jeune homme allait-il empoigner Rolande, lui dérober la clef, et puis attaquer sauvagement Félicien ?

Mais Rolande braqua sur lui un menu revolver et répéta :

« Recule... recule de dix pas... »

Il recula. Alors Rolande avança et, tout en le tenant sous la menace de son arme, elle ouvrit la porte toute grande.

Félicien apparut, Félicien que Raoul avait laissé « empaqueté » au *Clair-Logis*...

Il sortit de la pièce et dit en souriant :

« Votre arme est inutile, Rolande. On n'a pas de quoi se battre quand on est, comme lui, en beau veston d'appartement. Et puis, il n'y songe guère. »

Félicien avait un air plus dégagé que d'habitude. Raoul le trouva plus franc d'expression, avec des yeux qui brillaient et une attitude qui était, comme celle de Rolande, tranquille et grave.

« Mais comment est-il ici ? ne cessait de se

dire Raoul. Comment a-t-il pu se délivrer ? »

Félicien se baissa pour ramasser la bague sur le tapis et la remit sur la toilette en prononçant cette phrase énigmatique :

« *Ne la quittez plus, Rolande, vous savez que c'est votre droit de la porter.* »

Ensuite, Félicien dit à Jérôme :

« Rolande a voulu cette rencontre. J'y ai consenti, parce qu'elle a toujours raison, et qu'il faut une explication entre nous trois.

— Entre nous quatre, dit-elle. Elisabeth est avec nous. Depuis sa mort, Elisabeth ne m'a pas quittée. Je n'ai pas accompli un acte sans lui demander son avis. Est-ce que tu commences à te rendre compte de ce que j'ai voulu, Jérôme ? »

Il était pâle, le visage dur et crispé.

« Si tu as voulu me faire du mal, dit-il, tu as réussi, Rolande. Ce mariage, où j'ai cru trouver le bonheur, n'était qu'un piège affreux.

— Oui, un piège. Dès la première seconde où j'ai pressenti la vérité, j'ai eu cette idée d'un piège qui équivaudrait à celui que tu avais tendu, toi... et qui fut mortel. Tu comprends, n'est-ce pas, tu comprends ?... »

Elle se penchait un peu, toujours retenue par sa volonté de calme, mais soulevée de toute la haine qui bouillonnait en elle :

« Non, dit-il, je ne comprends pas... »

Elle saisit sur la cheminée une photographie

de sa sœur, et, d'un mouvement brusque, la
projeta devant lui :

« Mais regarde-la donc, regarde-la ! C'était
la plus douce et la plus aimante des femmes...
Elle t'aimait, et tu l'as tuée. Oh ! misérable... »

Cette accusation, Raoul d'Averny l'attendait
depuis l'instant où il avait constaté le désac-
cord de Rolande et de Jérôme. Mais ce qui
l'étonnait, c'était que jamais, auparavant, dans
ses soupçons, il n'avait séparé Rolande et
Jérôme, que jamais il n'avait supposé, malgré
certains détails, qui auraient dû l'éclairer, que
Jérôme pût être coupable sans que Rolande
le fût. Il fallait que le jeu de Rolande eût été
supérieurement mené, pour désorienter ainsi
un observateur de sa force. Comment Jérôme
n'en eût-il pas été dupe, tout le premier, dans
l'aveuglement de sa passion ?

Cependant le jeune homme ne flancha pas.
Il haussa les épaules :

« Maintenant, dit-il, et surtout maintenant,
je m'explique ton aberration. Pour venger ta
sœur, il te fallait une victime, et c'est moi que
tu accuses. Un mot pourtant, Rolande. Il me
semblait que nous avions vu, toi et moi, de
nos yeux vu, ta sœur, vivante, aux mains de
son meurtrier, le vieux Barthélemy... tu sais,
ce Barthélemy que j'ai exécuté d'un coup de
fusil, justement pour la venger ?... »

A son tour, elle haussa les épaules :

« Ne cherche pas d'excuses ou de faux-
fuyants. Ce que je sais de toi, ce que j'en ai
appris peu à peu, en m'enquérant de ton passé
et en t'observant, est si précis, que ton aveu
n'est pas nécessaire. Tiens, ajouta-t-elle, en
sortant d'un tiroir un cahier relié, j'ai écrit
là, à la suite du journal même d'Elisabeth,
toute ta vie de mensonge et d'hypocrisie...
Lorsque la justice en aura connaissance, tu
seras pour elle, comme tu l'es pour moi,
l'unique criminel.

— Ah ! dit-il, avec une grimace qui le défi-
gura, tu as l'intention ?...

— J'ai l'intention d'abord de te montrer ton
acte d'accusation.

— Pour me juger ensuite, ricana-t-il. Je suis
devant le tribunal...

— Tu es devant Elisabeth. Ecoute. »

Jérôme la regarda, tourna les yeux vers
Félicien, et eut sans doute l'impression que
ses deux adversaires, armés comme ils
devaient l'être, l'abattraient comme un chien,
s'il tentait de lutter, car il s'assit, croisa ses
jambes avec désinvolture, et, comme quelqu'un qui, par complaisance, se décide à écouter un sermon ennuyeux, soupira :

« Parle. »

VII

QUELQU'UN MEURT

ELLE parla d'une voix mesurée, sans emportement, ni acrimonie. Ce ne fut pas un réquisitoire, mais simplement le résumé d'une aventure qu'elle n'alourdit d'aucun commentaire ni d'aucune considération psychologique sur la nature même de Jérôme Helmas.

« Ta première victime, Jérôme, fut ta mère. Ne proteste pas, tu me l'as presque avoué. Elle est morte de tes fautes, de tes fautes que nul autour de vous ne connaissait, car elle les a cachées de toute son inquiétude maternelle... fausses signatures, chèques sans provision, indélicatesses... Personne n'a jamais rien su, car elle a payé, jusqu'à se ruiner... jusqu'à mourir. N'en parlons plus.

— C'est préférable, dit-il en riant. Mais je

dois t'avertir que si ton récit tout entier est de la même fantaisie, tu perds ton temps. »

Elle continua :

« Ce qu'il est advenu de toi durant les années qui suivirent, je l'ignore. Tu vivais en province ou à l'étranger. Néanmoins le hasard t'ayant remis en face d'Elisabeth, tu t'es installé de nouveau dans ta maison du Vésinet, et tu as fréquenté régulièrement *Les Clématites*. A ce moment, tu avais ton idée.

— Quelle idée ?

— Celle d'épouser Elisabeth, idée encore vague, car la dot qu'elle apportait ne suffisait pas à ton ambition : mais idée qui allait prendre corps, après une confidence qu'Elisabeth eut l'imprudence de te faire.

— En vérité ?

— Oui, elle te confia qu'un jour ou l'autre, sa dot serait augmentée par une somme considérable que devait lui léguer un cousin de notre mère.

— Pure invention, protesta Jérôme. Je n'ai jamais su cela.

— Pourquoi mens-tu ? Le journal d'Elisabeth, que je ne t'ai jamais donné à lire — par une sorte de réserve instinctive, car je l'ai communiqué à d'autres — ce journal est formel sur ce point. Donc, rassuré sur l'argent, sachant ce cousin malade, tu deviens plus empressé, tu te fais aimer d'Elisabeth, et elle

accueille ta demande. Elisabeth est heureuse.
Toi aussi, du moins tu le parais. Mais entre-
temps, tu te renseignes.

— Sur quoi ?

— Sur la raison qui motive le legs de ce
cousin. Alors, tu fouilles dans le passé, tu
interroges de droite et de gauche — ne dis
pas non, on me l'a répété — tu ramasses les
potins d'autrefois, et tu apprends qu'il y a
eu fâcherie entre notre père et ce cousin, querelle, scandale, etc. et qu'à cette époque les
méchantes langues ont prétendu qu'Elisabeth
était la fille de Georges Dugrival. Je dis le
nom, puisque c'est une abominable calomnie.

— Une calomnie, en effet.

— N'importe, tu tiens à savoir. Tu veux une
certitude sur les projets de Georges Dugrival,
et, tandis qu'Elisabeth est retenue ici, souf-
frante, tu vas faire ton enquête à Caen. Tu
t'introduis, une nuit, je ne sais comment, dans
la chambre même de Georges Dugrival, tu
ouvres son armoire à glace, tu lis son testament daté de dix ans déjà, et tu rends compte
ainsi qu'Elisabeth ne devait jamais rien recevoir, et que la légataire, c'est moi. Dès lors,
Elisabeth est condamnée. »

Jérôme hocha la tête.

« S'il y avait un mot, un petit mot de vrai
dans ton roman, pourquoi Elisabeth eût-elle
été condamnée ? Il me suffisait de rompre.

— Comment t'aurais-je épousé, si tu avais rompu avec elle ? La rupture de ta part, la trahison, c'était la perte de toute espérance. L'héritage s'évanouissait pour toi. Alors, tu as tergiversé, et, tandis que les jours passaient, le plan monstrueux s'infiltrait en toi... un plan de lâcheté et d'hypocrisie. Le meurtre, c'était une solution terrible, et si dangereuse ! Avais-tu besoin de tuer pour t'affranchir ? Non, mais de gagner du temps, d'empêcher le mariage par des moyens sournois, invisibles, anonymes, pourrait-on dire. Qu'Elisabeth, qui est déjà malade, dont les poumons sont en mauvais état, ait une rechute grave, qui la mette en péril, c'est le mariage manqué, devenu impossible, c'est la liberté reconquise peu à peu, et la possibilité, un jour ou l'autre, bientôt, de te retourner vers moi, sans qu'il y ait eu rupture ou assassinat. C'est la mort, peut-être, mais la mort par accident, dont tu n'es pas responsable. Et alors, dans l'ombre, tu as travaillé. Avec cette idée, sans doute, de ne pas aller jusqu'au bout, et de t'en rapporter au hasard, mais tu as travaillé quand même, avançant l'ouvrage, entaillant les poteaux, minant les marches que, chaque jour, à la même heure, Elisabeth descendait. »

Rolande s'épuisait. On entendait à peine le son de sa voix. Elle fit une pause.

En face d'elle, Jérôme affectait visiblement

l'insouciance, et le dédain de toute cette histoire qu'il était obligé de subir.

Félicien surveillait ses moindres gestes.

Derrière les volets, Raoul d'Averny écoutait et regardait avidement. L'accusation se déroulait avec une logique impitoyable ; un seul point demeurait dans l'ombre : Rolande n'avait rien dit des raisons qui auraient expliqué qu'elle fût, et non pas Elisabeth, la légataire éventuelle de Georges Dugrival. Mais ces raisons, en admettant qu'elle les eût pressenties, ne devait-elle pas agir et parler comme si elle les ignorait ?

Et Rolande reprit :

« Il est certain que ce meurtre, commis sous tes yeux et dont tu étais responsable, t'a détraqué sur le moment. Tu as alors quelques heures d'effarement et même de désespoir. Mais la trouvaille du sac de toile grise, près du cadavre de Barthélemy, te remonte.

« Dans le désarroi de l'après-midi, au milieu des allées et venues, tu réussis à prendre le sac et à le cacher quelque part, dans le studio sans doute. Seulement, quelqu'un te voit le ramasser, Simon Lorient, qui rôde au milieu des gens entrés aux *Clématites*, qui reste à t'épier du dehors, et qui, le soir, te suit, qui se jette sur toi. Vous vous battez à l'endroit même où on le découvre au matin, frappé de la blessure dont il devait mourir, tandis que

toi, blessé également, tu peux tout juste t'éloi-
gner. C'est ton deuxième crime de la journée.

— Au troisième, maintenant, plaisanta
Jérôme.

— Celui-là, tu ne tardes pas à le préparer.
Il s'agit d'éviter les soupçons en les dirigeant
vers un autre. Vers qui ? Le hasard joue en
ta faveur. Félicien a traversé l'étang en barque, pour me rejoindre et me consoler. Il est
resté deux heures auprès de moi, et, quand il
repart et qu'il aborde, quelqu'un le voit dans
l'impasse et le reconnaît. C'est l'heure,
approximativement, où tu sors des *Clématites*,
suivi par Simon Lorient. On t'interroge à ce
propos. Que réponds-tu ? « Mon agresseur a
« surgi de l'impasse. » Dès lors, l'enquête est
aiguillée vers Félicien, lequel ne se défend pas,
et ne veut pas se défendre. Comme il ne pouvait expliquer sa présence autour de l'étang
qu'en m'accusant de l'avoir reçu dans ma
chambre, il nie, affirme qu'il n'a pas bougé de
chez lui, et, en fin de compte, est arrêté.
Ainsi le terrain est déblayé devant toi. Seulement... seulement, moi, je commence à réfléchir... »

Elle répéta, sourdement, en phrases qui se
faisaient plus haletantes :

« Oui, je réfléchis... Je ne cessais pas de
réfléchir... C'est une obsession de toutes les
minutes. Au cimetière, la main tendue sur le

cercueil, je jure à Elisabeth de la venger... Je
lui jure que ma vie entière n'aura pas d'autre
but, que je sacrifierai tout à cela. Et c'est
pourquoi, tout de suite, j'ai sacrifié Félicien... « Regardez autour de vous, me dit
« M. d'Averny... En vous-même, ne reculez
« devant aucune accusation... » Autour de
moi ? Autour de moi, je ne vois que Félicien
et toi. Félicien n'étant pas coupable, Félicien
n'ayant aucune raison pour tuer Elisabeth,
dois-je penser que toi, Jérôme ?... La lecture
minutieuse du journal d'Elisabeth éveille mon
attention. Ainsi, à l'heure où elle s'en allait
chercher la barque pour sa promenade quotidienne avec toi, tu étais absorbé, mal à l'aise.
Tu te plaignais de n'avoir pas de situation. Tu
étais inquiet de l'avenir, et ma pauvre sœur
devait te réconforter avec la perspective de
l'héritage... Aucun soupçon ne m'envahit
encore... Aucun, non, mais je me méfie de tout
le monde, même de M. d'Averny, qui, cependant, avait découvert la démolition antérieure
des marches de bois. Je ne parle à personne.
Toute cette affaire de Simon Lorient et de
Barthélemy, je ne m'en occupe pas. Quand tu
reviens près de moi, convalescent, au sortir de
la clinique, rappelle-toi, c'est le silence entre
nous. Je ne songe ni à te questionner, ni à te
soupçonner... Aucun pressentiment, aucune
arrière-pensée à ton endroit. Mais un jour... »

Rolande se recueillit. Et, se rapprochant un peu de Jérôme :

« Un jour, nous avions lu, l'un près de l'autre, sur la pelouse. A cinq heures, en t'en allant, tu me prends la main pour me dire adieu. Or, cette main, tu la gardes dans la tienne, deux ou trois secondes de trop. Ce n'est pas un geste d'amitié, ni un geste de chagrin en souvenir d'Elisabeth. Non. Il y a autre chose, la pression d'un homme qui cherche à exprimer des sentiments ignorés. Il y a presque un aveu, en même temps qu'un appel. Quelle imprudence, Jérôme ! Ce geste-là, il fallait attendre un an, deux ans pour le tenter. Mais, au bout d'un mois ! De ce jour, j'étais fixée. S'il y avait, autour de moi, dans mon intimité, un coupable, ce ne pouvait être que l'homme qui, fiancé d'Elisabeth, un mois après sa mort, se tournait vers la sœur d'Elisabeth. L'énigme demeurait entière. Mais le mot de l'énigme était en toi, dans le secret de ton âme, dans ce que tu savais, dans ce que tu voulais. Je n'avais plus à réfléchir, mais à t'examiner sans trêve et à envisager tous les événements qui se rapportaient à nous deux et à Elisabeth, comme si c'était toi le coupable. J'ai fait davantage. Pour te prendre au piège et pour te donner confiance, j'ai accueilli l'amour que tu affectais pour moi. Tu as pu croire que je l'éprouvais moi-même, et tu as fini par m'aimer réellement, perdant dès lors toute lucidité. »

Elle baissa la voix.

« Oui ! vois-tu, si lamentable que fût ma vie, elle se fortifiait peu à peu de toute la certitude qui m'envahissait, de jour en jour. J'étais sûre maintenant de venger Elisabeth. Et j'avais si peur qu'on ne devinât mon secret ! Je le serrais en moi comme un trésor. J'ai même refusé d'abord de recevoir Félicien, quand il est sorti de prison, et je lui ai laissé croire que je le trahissais et que je trahissais Elisabeth. Ce n'est qu'après, lorsque j'ai su qu'il avait voulu se suicider, que, affolée, j'ai été le voir une nuit, et que je lui ai tout dit. Puis, Faustine s'étant confiée à moi, et m'ayant révélé sa haine et ses projets de vengeance, je lui ai fait part de mes soupçons contre l'homme qui avait tué son amant. Soupçons ? je devrais dire certitudes. Et c'est bien ainsi que Faustine jugea la situation. Mais quelle preuve tangible que nous étions déroutés ! Tu vivais dans la maison même de ta victime, tu te promenais dans le jardin, devant ces marches que tu avais démolies, et tu me faisais la cour, à moi, sa sœur, me disant les mêmes mots qu'à elle, quelques semaines auparavant. Ah ! cabotin, comment as-tu pu ?... »

Une fois de plus, sur le point d'éclater, Rolande se domina, et elle poursuivit :

« Mais si tu jouais serré, par contre, tu ne pressentais rien de notre accord. Nous prenions tant de précautions ! Comme tu étais jaloux de Félicien, dont tu avais cru deviner, dès les premiers jours, l'empressement auprès de moi, Félicien et Faustine ne se quittent plus, tes inquiétudes s'endorment, et tu continues ta mauvaise besogne à l'encontre de Félicien, envoyant des lettres anonymes — car c'est toi qui les composes et qui les envoies. Et c'est toi qui jettes près de l'endroit où tu as frappé Simon Lorient, c'est toi qui jettes, dans un jardin, un mouchoir taché de sang, un mouchoir du même genre que ceux de Félicien. Mais tout cela, est-ce la preuve formelle dont j'ai besoin ? Enfin, l'événement se produit. Enfin, le hasard joue en ma faveur. Un jour Georges Dugrival vient me voir, et, ce jour-là, ma chance veut que tu ne sois pas aux *Clématites.* »

Jérôme tressaillit, et n'essaya pas de cacher son trouble. De l'angoisse crispa son visage.

« Oui, affirma-t-elle, il est venu me voir. J'ai refusé cette entrevue d'abord, sachant qu'il y avait eu, jadis, querelle entre mon père et lui. Mais il insista, pour des motifs graves. Je l'ai reçu dans cette pièce, il me parla de la grande affection, si amicale et si respectueuse, qu'il a eue pour ma mère. Et soudain,

voilà qu'il me révèle la véritable cause de sa
visite :

« — Rolande, me dit-il, ces temps-ci,
« comme j'étais malade, l'armoire à glace de
« ma chambre a été forcée. Un testament, où
« je vous lègue une partie de ma fortune, a
« été ouvert, et on m'a volé, dans un écrin de
« cuir contenant de beaux bijoux de famille,
« pierres précieuses, bagues et boucles
« d'oreilles, on m'a volé une bague qui
« formait paire avec une autre. Quelques
« jours plus tard, je recevais du Vésinet, où
« j'ai gardé des amis qui me tiennent au cou-
« rant, une lettre m'annonçant votre mariage
« et me donnant, sur votre fiancé, Jérôme
« Helmas, de très mauvais renseignements.
« Alors, Rolande, il m'a semblé que je devais
« vous avertir... »

« Ai-je besoin de t'en dire davantage sur
notre conversation, Jérôme ? Je le suppliai de
déchirer le testament, car je n'avais aucune
raison d'être son héritière, mais j'acceptai
l'offre qu'il me fit des bijoux. Il fut convenu
que Félicien irait le voir à Caen. Prévoyant
le cas où il serait plus malade, Georges Dugrival me remit les clefs nécessaires pour que
Félicien pût, au besoin, entrer dans la maison
sans être vu ni dérangé, et ouvrir le coffre-
fort où se trouvait maintenant l'écrin de cuir.
Les choses se sont passées ainsi, Félicien a

ouvert le coffre-fort. Et l'écrin est ici, dans ce
tiroir. Il contient la bague, semblable à celle
qui a été volée, et, dès lors, je puis agir. Si la
bague que tu prétendais tenir de ta mère et
que tu dois me donner, le jour de notre
mariage, est semblable à celle qui est dans
cet écrin, c'est que tu l'as volée pour me faire
ton cadeau de noces, et c'est que tu es l'assassin d'Elisabeth et de Simon Lorient. Seulement, pour avoir cette preuve, il me fallait
définitivement t'épouser. Félicien s'y opposa,
et même par la force. Bouleversé par l'idée
que je porterais ton nom, ne fût-ce qu'un
jour, il m'enleva. Obstacle inutile. Ce qui
devait être, fut. Et ce matin, tu m'as offert la
bague. Comprends-tu que, malgré toutes mes
certitudes et malgré ma haine, je me sois
trouvée mal en la voyant — car les deux
bagues sont identiques, même monture et
mêmes diamants — en voyant la preuve irré-
cusable de ton crime ? Comprends-tu maintenant, misérable, comprends-tu ?... »

La voix de Rolande se faisait de plus en
plus âpre. Elle frémissait de mépris et de
haine. De tout son être, la jeune fille menaçait
et insultait.

Mais à quoi bon ces menaces et ces injures ?
Elle se rendit compte tout à coup que Jérôme
n'écoutait pas.

Il regardait à terre, les yeux vagues, et l'on

sentait que, pris dans les mailles serrées de
l'accusation, confondu de voir toute l'affaire
exposée dans sa réalité, et lui-même démasqué,
il renonçait à se défendre.

Relevant la tête, il murmura :

« Et après ?

— Après ?

— Oui, tes intentions ? Tu m'accuses, soit,
mais comptes-tu me dénoncer ?

— Oui, la lettre est écrite.

— Envoyée ?

— Non.

— Quand le sera-t-elle ?

— Dans l'après-midi.

— Dans l'après-midi ? Oui, fit-il avec amer-
tume, pour me donner le temps de déguerpir
à l'étranger. »

Au bout d'un instant, il objecta :

« Pourquoi me dénoncer ? Tu crois que tu
n'es pas suffisamment vengée en me chassant
de ta vie ? Etait-ce la peine de te faire aimer
de moi si tu ajoutes encore à mon désespoir ?

— Et Félicien, n'est-il pas soupçonné, traqué ? Comment le sauver, lui qui est innocent,
si le coupable n'est pas dénoncé ? Et puis je
veux une garantie... Je veux être sûre que tu
ne reviendras pas... que tout est bien fini...
Donc la lettre sera remise à la justice. »

Elle hésita, et reprit :

« La lettre sera remise... à moins que...

— A moins que ?... dit Jérôme.

— Il y a de quoi écrire sur cette table, prononça Rolande. Assieds-toi, écris que tu es le
seul coupable, coupable contre Elisabeth, coupable contre Simon Lorient, coupable contre
Félicien Charles que tu as accusé faussement...
et signe. »

Il réfléchit longtemps. Sa figure n'exprimait
plus que la douleur et un accablement infini.
Il chuchota :

« A quoi bon lutter ? Je suis si las ! Tu as
raison, Rolande. Comment ai-je pu jouer une
pareille comédie ? J'avais presque réussi à
me persuader qu'après tout, Elisabeth n'était
pas morte par ma faute, et que j'avais frappé
Simon Lorient pour me défendre. Comme on
est lâche ! Mais, vois-tu, plus je t'aimais, et
plus j'étais effrayé de ce que j'avais fait... Tu
ne pouvais pas te rendre compte... Mais je me
transformais peu à peu... et tu m'aurais sauvé
de moi... N'en parlons plus... Tout cela, c'est
le passé... »

Il s'assit à la table, prit la plume, puis écrivit.

Rolande lisait par-dessus sa tête.

Il signa :

« C'est bien ce que tu voulais ?

— Oui. »

Il se leva. Tout était fini, comme le voulait
Rolande. Il les regarda, l'un après l'autre.

Qu'attendait-il ? Un adieu ? Un mot de pardon ?

Rolande et Félicien ne bougèrent pas et gardèrent le silence.

Alors, au dernier moment, il eut un sursaut de colère et un geste d'exécration. Mais il se contint et sortit.

Ils l'entendirent qui allait dans sa chambre — dans la chambre nuptiale. Sans doute pour y prendre quelques affaires. Quelques minutes plus tard, il descendait l'escalier. La porte du vestibule fut ouverte, sans bruit, et refermée. Il s'éloignait...

Lorsque les deux jeunes gens furent seuls, leurs mains s'unirent, et leurs yeux se mouillèrent.

Félicien embrassa Rolande au front, comme on embrasse la fiancée la plus respectée.

Elle dit en souriant :

« Notre nuit de noces, n'est-ce pas, Félicien ? Nous la passerons en fiancés, vous chez vous, moi dans cette maison.

— A deux conditions, Rolande. D'abord, c'est que je resterai près de vous au moins une heure ou deux, pour être bien sûr qu'*il* ne reviendra pas.

— L'autre condition ?

— Deux fiancés ont le droit de s'embrasser, au moins une fois, ailleurs que sur le front... »

Elle rougit, regarda du côté de sa chambre, puis, toute confuse, prononça :

« Soit, mais pas ici... en bas, dit-elle gaiement, dans ce studio où je vous ai fait mon premier aveu en musique. »

Elle mit dans l'écrin aux bijoux le papier signé par Jérôme, et ils descendirent.

Presque aussitôt, Raoul d'Averny pénétra dans la pièce, et retira de l'écrin le papier, qu'il empocha.

Puis il retourna sur le balcon, atteignit la corniche de la façade latérale et gagna l'issue du potager.

A trois heures du matin, Félicien rentra dans le pavillon. Raoul, qui l'attendait, endormi au creux d'un fauteuil, lui tendit la main.

« Je vous demande pardon, Félicien.

— De quoi, monsieur ? répondit Félicien.

— De vous avoir attaqué et ligoté tout à l'heure. Je voulais vous empêcher de faire quelque bêtise.

— Quelle bêtise, monsieur ?

— Mais... à cause de cette nuit de noces... »

Félicien se mit à rire.

« Je me doutais bien que c'était vous, monsieur, en tout cas, nous sommes quittes et, moi aussi, je vous demande pardon.

— De quoi ?

— De m'être détaché...

— Seul ?

— Non.

— Qui vous a secouru ?

— Faustine.

— Je m'en doutais, dit Raoul entre ses dents. Ainsi Faustine rôdait par là, cette nuit... Pourvu qu'elle ne se fasse pas prendre !... »

Il conclut :

« Enfin, on verra... Félicien, je vous serais obligé de téléphoner à la première heure à Rolande Gaverel et de la rassurer au cas où elle chercherait le papier signé par Jérôme. Le juge d'instruction venant me voir ce matin, à neuf heures et demie, j'ai trouvé utile, pour vous éviter, à Rolande et à vous, tout ennui nouveau, de prendre ce papier dans l'écrin.

— Comment ! s'écria Félicien interloqué. Mais il n'est pas possible que vous ayez pu...

— Donc, qu'elle soit sans crainte, dit Raoul en se retirant, et veuillez la prévenir que j'irai la voir tantôt. On vous y trouvera, n'est-ce pas, Félicien ? »

VIII

PHRYNÉ

M. Rousselain fut exact au rendez-vous. Dès neuf heures et demie du matin, comme Raoul finissait son petit déjeuner, il se présenta, non pas en juge d'instruction, mais en pêcheur à la ligne, qui s'en venait, comme il le dit, taquiner l'ablette, du côté de Croissy — une vieille cloche de paille sur la tête, un treillis jaune comme pantalon, ses espadrilles aux pieds...

« Mes compliments, monsieur le juge d'instruction ! s'écria Raoul... La journée sera superbe, et c'est une occasion d'oublier un peu notre insupportable affaire.

— Vous croyez ça, vous ?...

— Dame ! je le suppose.

— Cependant, vous m'avez convoqué pour le dénouement, lequel devait avoir lieu cette nuit.

— Il a eu lieu.

— Mais je ne vois pas certaine marchandise, à laquelle je tenais si fort que je vous ai laissé toute latitude de manœuvre.

— Demain... ça ne vous suffit pas ?

— Trop tard, demain. »

Raoul l'observa.

« Il y a du nouveau, monsieur le juge ? »

M. Rousselain se mit à rire.

« Oui, monsieur d'Averny, il y a du nouveau, et, contrairement à nos conventions, c'est moi qui vous en fais part. » Et M. Rousselain ponctua :

« Il y a une heure et demie, le commissaire de police de Chatou téléphonait à la Préfecture que la femme de ménage de Jérôme Helmas venait de le trouver mort, dans le vestibule de sa maison du Vésinet. Il s'était tué d'un coup de revolver au cœur. Il venait de rentrer, la porte de sa maison était encore ouverte. L'inspecteur Goussot est sur les lieux. Moi, j'ai appris la chose en descendant du train. »

Sans broncher, Raoul déclara :

« C'est la conclusion logique de l'affaire, monsieur le juge. Le coupable s'est fait justice.

— Malheureusement, d'après les premières recherches, Jérôme Helmas n'a laissé aucune lettre permettant de croire qu'il est coupable.

Le suicide n'est pas un aveu. D'autre part, l'on peut s'étonner à bon droit que Jérôme Helmas, jeune marié, ait quitté le domicile conjugal pour aller se tuer à son ancienne demeure.

— Cet acte résulte précisément de l'aveu qu'il a fait en présence de Rolande Gaverel, de Félicien Charles et de moi-même.

— Aveu verbal, sans doute ?

— Aveu écrit.

— Vous l'avez ?

— Le voici. »

Raoul tendait au juge le papier signé par Jérôme Helmas.

« Cette fois, s'écria M. Rousselain avec une satisfaction évidente, je crois que le problème est à peu près résolu. Pour qu'il le soit tout à fait, et que l'affaire ne présente plus aucune obscurité, il vous reste à me donner certains éclaircissements, monsieur d'Averny... et peut-être à me faire certains aveux.

— J'y consens volontiers, dit Raoul gaie-ment. Mais à qui ai-je l'honneur de parler ? A monsieur le juge d'instruction Rousselain, représentant de la justice, ou à M. Rousselain pêcheur à la ligne, brave homme, dont je connais la raison indulgente, toute de finesse psychologique, et toute d'humanité ? Avec l'un, je serai obligé de me tenir sur la réserve. Avec l'autre, je parlerai à cœur ouvert, et c'est ensemble, et bien d'accord, que nous choisirons ce qui peut être dit publiquement, et ce qui doit rester plus ou moins dans l'ombre.

— Un exemple, monsieur d'Averny ?

— En voici un. Félicien Charles et Rolande Gaverel s'aiment. Il y a deux mois, le soir du drame, si Félicien a pris la barque, ce fut pour aller retrouver Rolande. Et s'il s'est laissé accuser, c'est pour ne pas la compromettre. N'est-ce pas là un secret qui doit rester dans l'ombre ? »

M. Rousselain, cœur sensible, eut tout de suite une larme au coin de l'œil, et s'exclama :

« C'est le pêcheur à la ligne qui est ici, monsieur d'Averny. Parlez sans réticence. Et vous pouvez parler d'autant plus librement que l'on a dû me mettre au courant, à la Préfecture, du rôle exact que vous jouez auprès de nous comme collaborateur occasionnel, et des très grands services que vous nous avez rendus. Vous êtes, là-bas, malgré un passé...

— Un passé un peu chargé, n'est-ce pas ?...

— C'est cela et malgré toutes les entorses que vous donnez encore aux règles strictement légales, vous êtes là-bas *persona grata*. Parlez, monsieur d'Averny ! »

M. Rousselain palpitait de curiosité. Et Raoul d'Averny fournit à cette curiosité de tels aliments que M. Rousselain ne pensa même plus à sa partie de pêche, qu'il accepta de déjeuner au *Clair-Logis*, et que, jusqu'à trois heures de l'après-midi, il ne fit qu'écouter les récits de Raoul d'Averny mêlés à quelques confidences d'Arsène Lupin.

Au moment du départ, il dit, d'une voix toute frémissante encore d'exaltation :

« Grâce à vous, monsieur d'Averny, j'ai passé une des journées les plus passionnantes de ma vie. Maintenant, je vois l'affaire sous toutes ses faces, et je suis de votre avis : elle ne doit être divulguée qu'avec prudence et discernement. C'est une belle histoire d'amour, malgré les crimes et les mobiles d'intérêt matériel qui la compliquent. Mais c'est, avant tout, une belle histoire de haine et de vengeance ! Crebleu ! Comment notre jolie Rolande a-t-elle pu aller jusqu'au bout de sa tâche ! Quelle énergie ! Quelle violence de sentiments !

— Vous n'avez plus rien à me demander, monsieur le juge d'instruction ?

— Si, un petit supplément d'information sur deux points... sur trois, même. Pure curiosité, d'ailleurs.

— Dites.

— Premièrement. Quelles sont vos intentions à l'égard de Félicien ? Et d'abord, croyez-vous que ce soit votre fils ?

— Je ne sais pas, et je ne le saurai jamais. Mais, même s'il était mon fils, ma conduite avec lui serait la même. Je ne lui dirai rien.

Il vaut mieux qu'il se croie un enfant perdu que de se savoir le fils... de qui vous savez. J'ai votre approbation ?

— Certes, dit M. Rousselain fort ému. Deuxièmement : Qu'est devenue Faustine ?

— Mystère. Mais je la retrouverai.

— Vous tenez donc à la retrouver ?

— Oui.

— Et pourquoi ?

— Parce qu'elle est très belle, et que je n'oublie pas sa statue en Phryné. »

M. Rousselain s'inclina, en homme pour lequel rien de ce qui est sentiment et désir ne demeure étranger. Et il acheva :

« Troisièmement : Avez-vous remarqué, monsieur d'Averny, que dans toute cette broussaille d'événements, il n'est, somme toute, plus jamais question du sac de toile grise et des quelques centaines de billets qu'il contenait ? Enfin, quoi, cette fortune n'a pas été perdue pour tout le monde !

— C'est mon opinion. Il y a certainement eu un bénéficiaire.

— Qui ?

— Ma foi, je ne saurais le dire, mais je suppose que quelqu'un aura été plus malin que les autres, et que ce quelqu'un aura cherché à l'endroit précis où la bataille a eu lieu entre Simon Lorient et son agresseur. Les deux duellistes ayant été blessés l'un et l'autre, le paquet aura roulé dans le gazon, vers le fossé.

— Quelqu'un de plus malin que les autres, dit M. Rousselain, en répétant la phrase de Raoul. Je ne vois personne qui soit assez malin...

— Mais si... Mais si... », murmura M. d'Averny, qui avait pris une cigarette sur la table, et l'allumait, les yeux rêveurs...

En vérité, M. Rousselain avait posé sa question sans arrière-pensée. Mais, du coup, à l'attitude de Raoul, il fut renseigné. Il était hors de doute que, tranquillement, en passant, son interlocuteur avait jugé bon de s'octroyer le trésor inutile de Philippe Gaverel. Ce qui tombe dans le fossé...

« Quel drôle d'homme ! eut l'air de dire M. Rousselain tout en voyant Raoul. Plein de délicatesse, et, avec cela, un fond inaltérable de cambrioleur. Il jouera sa vie pour le salut des autres, et il ne résistera pas à l'occasion de leur chiper leur porte-monnaie ! Vais-je lui donner la main en partant ? »

Raoul parut répondre à cette hésitation. Il dit en riant :

« A mon avis, monsieur le juge d'instruction, il faut excuser celui qui a fait ce coup-là. C'est peut-être un parfait honnête homme, qui n'aurait jamais eu l'idée de dépouiller son prochain, mais à qui la conduite du mauvais

contribuable, Philippe Gaverel, enleva tout
scrupule. »

Et, toujours gaiement, il ajouta :

« En tout état de cause, monsieur le juge
d'instruction, je crois bien que c'est là ma
dernière aventure... Oui, j'ai besoin de respirer
un air plus pur et de m'intéresser à de plus
nobles tâches. Et puis, j'ai tellement travaillé
pour les autres que j'ai bien envie de penser
davantage à moi. Certes, je n'ai nullement
l'intention de me retirer dans un cloître... Mais
tout de même... Tenez... savez-vous, mon désir,
c'est qu'on dise de moi quand je disparaîtrai :
« Après tout, c'était un brave homme... Un
« mauvais sujet, peut-être, mais un brave
« homme... »

M. Rousselain lui donna la main, en partant.

« Je viens vous faire mes adieux, mademoiselle Rolande, et à vous aussi, Félicien. Mais
oui, je pars... le tour du monde ou à peu près...
J'ai des amis un peu partout et on me
réclame... Et puis, j'ai quelques excuses à vous
faire, Rolande, et je vous remercie en passant
de m'épargner .tout reproche... Oui, oui, je
l'avoue, je suis quelque peu dans mon tort.
Ce n'est pas très délicat de vous avoir dérobé,
dans l'écrin, cette feuille d'aveu dont j'avais
besoin pour le juge d'instruction... Et encore,
si je n'avais fait que cela ! Mais non, Rolande,

je connais d'un bout à l'autre toute votre nuit de noces... Si c'est possible ? Dame, j'étais aux meilleures places, aux fauteuils de balcon, et j'ai tout vu, tout entendu. Et j'étais dans le cabinet de travail de Georges Dugrival, à Caen, lorsque vous avez cambriolé le coffre-fort, Félicien. Et tant d'autres choses plus ou moins discrètes... ou indiscrètes.

« Seulement, voyez-vous, mes amis, tout cela, c'est de votre faute. Rappelez-vous, Rolande, au début, vous m'avez demandé conseil, et je pouvais croire que nous marchions la main dans la main. Et puis, brusquement, le silence... Vous vous êtes détournée de l'ami qui s'offrait... Adieu, Raoul, chacun de son côté ! Et vous, Félicien, l'ai-je assez solli-citée, votre confiance ! Mais non, monsieur avait fait une petite croisière sur l'étang, et, au lieu de me dire franchement : « Eh bien, « voilà, j'ai cinglé vers celle que j'aime », il préféra se laisser coffrer.

« Et alors, qu'est-il advenu ? C'est que, séparés en deux camps, nous n'avons pas tou-jours fait, chacun de notre côté, de la bonne besogne. Eh ! oui, nous avons souvent bafouillé. Tantôt, je travaillais de concert avec M. Rousselain, et tantôt contre lui, et, en fin de compte, tout en croyant Félicien inno-cent, j'en étais arrivé à considérer Rolande et Jérôme comme deux complices. Parfaitement.

Comment pouvais-je imaginer, Rolande, que toute votre conduite fût fondée sur la haine ! La haine n'est pas un sentiment qui court les rues. La haine, portée à ce point, c'est une anomalie, et elle a forcément pour conséquence de faire faire des bêtises. Et quelles bêtises vous avez faites, ma petite Rolande !

« Voyons, Rolande — et Raoul s'assit à côté d'elle et lui prit doucement la main — voyons, croyez-vous que ce soit malin d'avoir poussé les choses jusqu'au mariage ? Car, il ne faut pas l'oublier, vous êtes mariée, vous portez le nom de Jérôme Helmas, vous êtes madame Helmas, et pour conquérir votre véritable nuit de noces, ce sont des mois d'efforts absurdes et d'embêtements inutiles.

« Mais jamais, au grand jamais, si vous m'aviez honoré de votre amitié, je ne vous aurais laissé commettre une telle sottise. Il y avait dix moyens, pour vous, d'atteindre le même but sans passer devant monsieur le maire. Qui vous empêchait, par exemple, de dire à votre amoureux : « Mon cher Félicien, « vous qui avez su naviguer jusque sous mes « fenêtres et escalader mon balcon, ayez donc « la gentillesse de vous introduire chez le « sieur Jérôme et de subtiliser la bague qu'il « a volée. De la sorte, nous pourrons com- « parer. » Et le coup était joué. D'autant plus, Rolande, d'autant plus que votre ambition n'était pas du tout de livrer Jérôme à la police et de le faire guillotiner, mais simplement de le confondre et de l'envoyer au diable. Allons, soyez sincère, avouez que vous auriez bien mieux fait de vous en remettre à Raoul d'Averny. »

Elle allait répondre, et son sourire indiquait bien dans quel sens, mais il ne le permit point.

« Non. Je ne suis pas venu pour vous demander des aveux, mais pour placer mon petit discours, pour vous apporter une solution, et pour vous féliciter. Oui, Rolande, je vous félicite d'épouser Félicien. Je me suis trompé sur lui et j'ai pu le croire capable d'un tas de méfaits. Il est surtout capable d'amour. C'est un garçon courageux, opiniâtre, à qui j'en ai voulu de se dérober à mon amitié, et qui ne m'en voudra pas de m'être occupé, malgré lui, de ses affaires. C'était pour son bien. Il vous rendra parfaitement heureuse, heureuse comme vous le méritez.

« Maintenant, mon cadeau de noces... Si, vous l'accepterez, parce que c'est mon avantage, et qu'il vous faudra le gagner. Les travaux de *Clair-Logis* sont en voie d'achèvement. Mais j'en ai d'autres à vous confier, Félicien... une vieille construction que je possède au-dessus de Nice avec un champ magnifique d'oliviers, où il vous sera loisible de me faire quelque chose de très beau et à votre goût.

Donc, d'ici une quinzaine de jours, dès que vous aurez vu M. Rousselain et que l'affaire sera classée, vous irez vous installer à Nice, tous les deux, et vous passerez loin d'ici, vous en avez besoin, votre année d'attente. Je puis vous embrasser, Rolande ? »

Il embrassa la jeune fille avec une affection qui le surprit, puis il embrassa Félicien, et, lui tendant les deux mains, il le regarda dans les yeux, durant quelques secondes.

« J'aurais eu peut-être d'autres choses à vous dire, Félicien. Mais nous verrons cela plus tard, si les dieux me favorisent... Et ils me favoriseront, car je le mérite. »

Il l'embrassa de nouveau, et les laissa tous deux, étonnés et assez émus.

Raoul voyagea plus d'une année. Il demeura en correspondance étroite avec les deux jeunes gens. Félicien lui envoyait ses plans, lui demandait des conseils, et s'habituait peu à peu à lui écrire avec plus d'abandon et de confiance. Mais Raoul pensait qu'il n'y aurait jamais entre eux de liens plus intimes.

« C'est peut-être le fils de Claire d'Etigues et le mien. Mais, est-ce que je tiens beaucoup à le savoir ? Aurais-je, même en cas de certitude, le cœur d'un père ? »

Cependant, il se réjouissait. La Cagliostro s'était vengée. Mais sa vengeance avait fait long feu et de temps en temps Raoul lui décochait de petits discours ironiques.

« Tu as raté ton coup, Joséphine Balsamo. Non seulement l'enfant — si c'est Félicien — n'est devenu ni voleur ni criminel, mais nous sommes en parfait accord, lui et moi. Tu as raté ton coup, Joséphine. »

Comme il le prévoyait, l'affaire des *Clématites* et de *L'Orangerie* fut classée. L'infortuné Thomas Le Bouc n'eut pas de chance. La découverte du vrai coupable eût dû lui ouvrir les portes de la prison. Par malheur, l'enquête révéla, d'autre part, de lourdes charges contre lui, qui l'eussent envoyé directement au bagne si une mauvaise grippe ne l'eût soustrait à ces tracas.

Au bout de quinze mois, Raoul revint en France et s'installa dans son merveilleux domaine de la Côte d'Azur, qu'il avait agrandi d'une vaste exploitation de fleurs.

Un jour, dans une des salles de jeu de Monte-Carlo, il remarqua une dame extrêmement élégante qu'entourait un groupe d'admirateurs attirés par sa beauté. Ayant réussi à se placer derrière elle, il murmura :

« Faustine... »

Elle se retourna subitement.

« Ah ! vous, dit-elle en souriant.

— Oui, moi... moi qui vous cherche partout avec tant d'acharnement ! »

Ils sortirent et se promenèrent devant le merveilleux paysage. Raoul lui raconta les derniers incidents et la questionna sur cette soirée où il l'avait vue sur un banc, et tenant Félicien dans ses bras.

« Non pas dans mes bras, dit-elle, mais contre mon épaule. Il pleurait.

— Il pleurait ?

— Oui. Malgré tout, il était jaloux de Jérôme Helmas et ce mariage lui était odieux. Il avait des défaillances pénibles, et c'est ainsi qu'un soir je l'ai consolé, affectueusement. »

Raoul ensuite la mit au courant de cette nuit de noces dont elle ignorait les détails. Et, brusquement, se tournant vers elle, il lui dit :

« C'est vous, n'est-ce pas, Faustine ?...

— Qui, moi ?

— Oui, vous ne doutiez pas que Jérôme ne fût le coupable, vous saviez alors que Rolande le chasserait, et vous avez prévu que, dans la crainte d'une dénonciation, il rentrerait chez lui, d'abord, avant de s'enfuir ?

— Et alors ?

— Alors, vous l'avez attendu, cachée devant sa porte, et quand il l'eut ouverte, vous avez tiré... C'est bien cela, n'est-ce pas ? Car enfin, Jérôme n'était pas un homme à se tuer... »

Sans répondre, elle désigna du doigt la ligne indistincte de l'horizon...

« C'est mon pays, là-bas... la Corse... Certains jours, on la devine d'ici. Ceux qu'on y offense n'y sont heureux que quand ils se sont vengés.

— Et vous êtes heureuse, Faustine ?

— Très heureuse. Heureuse, à cause du passé et de son dénouement. Heureuse, à cause du présent. Un riche seigneur italien m'a offert son cœur et un palais de marbre rose à Gênes.

— Mariée, par conséquent ?

— Oui.

— Vous l'aimez ?

— Il a soixante-quinze ans. Et vous, Raoul, heureux aussi ?

— Je le serais s'il ne manquait quelque chose à mon bonheur.

— Quoi donc ? »

Leurs yeux se rencontrèrent, et elle rougit. Il murmura :

« Je n'ai rien oublié... de ce qui ne fut pas.

— Ce qui ne fut pas, dit-elle, n'eût peut-être pas valu ce qui aurait pu être. »

Il la contempla, des pieds à la tête.

« Je n'ai rien oublié », répéta-t-il.

Après un instant, elle répliqua hardiment :

« Prouvez-le moi.

— Vous le prouver ?

— Oui, donnez-moi une preuve que vous avez gardé le souvenir précis et le regret de ce qui ne fut pas.

— C'est plus qu'un regret, Faustine.

— Donnez-m'en la preuve.

— Pouvez-vous m'accorder un jour ? Demain, à cette heure, je vous ramène ici. »

Elle le suivit jusqu'à l'auto. Ils s'en allèrent, et, en une heure, il la conduisit vers les hauteurs qui dominent Nice, près du village d'Aspremont.

Un portail s'ouvrit. Elle lut le nom de la villa, sur les deux piliers :

« Villa Faustine. »

Très touchée, elle murmura cependant :

« C'est la preuve d'un souvenir, non d'un regret.

— C'est la preuve d'un espoir, dit-il... L'espoir qu'un jour ou l'autre je vous verrais dans cette villa. »

Elle hocha la tête.

« Un homme comme vous, Raoul, doit avoir mieux à m'offrir qu'un nom sur deux piliers.

— J'ai mieux, infiniment mieux, et vous ne serez pas déçue. Mais auparavant, un mot, Faustine. Pourquoi, dès le début, m'avez-vous été si hostile ? Il n'y avait pas que de la défiance, mais aussi de la rancune, de la colère. Répondez franchement. »

Elle rougit encore et chuchota :

« C'est vrai, Raoul, je vous détestais.

— Pourquoi ?

— Parce que je ne vous détestais pas assez. »

Il lui saisit le bras ardemment.

Ils suivirent à pied des chemins qui montaient de terrasse en terrasse, avec des échappées admirables sur les montagnes arides et sur la neige des Alpes.

Et ils arrivèrent tout en haut, sur la terrasse supérieure que ceignait la double colonnade d'une pergola.

Au centre, radieuse et vivante de toute sa splendeur de déesse : la statue de Phryné.

« Oh ! balbutia Faustine, bouleversée. Moi !... moi !... »

Faustine resta douze semaines dans la villa qui porte son nom.

TABLE

DEUXIEME PARTIE

LE PREMIER DES DEUX DRAMES

IMPRIMÉ EN FRANCE PAR BRODARD ET TAUPIN
Usine de La Flèche (Sarthe).
LIBRAIRIE GÉNÉRALE FRANÇAISE - 6, rue Pierre-Sarrazin - 75006 Paris.
ISBN : 2 - 253 - 00391 - 3